Quattro chiacchiere con

# ALESSANDRO
# CONDURRO

## LA PIZZA È PIZZA

Il segreto che ha reso "**L'Antica Pizzeria da Michele**" un brand riconosciuto in tutto il mondo

di Davide Ippolito

WWW.BOOK4BUSINESS.COM

# SOMMARIO

Unione Pizzerie St...
Unione Pizzerie St...

1

L'antica Pizzeria

Da Michele
dal 1870

L'antica Pizzeria

Da Michele®

dal 1870

# INTRODUZIONE

Cos'è la pizza? All'apparenza una domanda semplice ma che negli ultimi anni, secondo il parere di molti esperti e non, pare un quesito di difficile risoluzione. Sicuramente uno dei piatti più amati e storici della cultura prima napoletana, poi italiana e ora globale. In qualsiasi parte del pianeta sanno a cosa si riferisce la parola "pizza", tutti l'adorano ma molti ne ignorano le origini e la provenienza.

Emmanuele Rocco nel 1858 probabilmente avrebbe risposto così:

*"La pizza non si trova nel vocabolario della Crusca, perchè si fa con il fiore e perchè è una specialità dei napoletani, anzi della città di Napoli. Prendete un pezzo di pasta, allargatelo o distendetelo con il mattarello o percotendolo con le palme delle mani, metteteci sopra che vi viene per la testa, conditelo di olio e di strutto, cocetelo al forno, mangiatelo e saprete cosa è la pizza. Le focacce e le schiacciate sono alcunchè di simile, ma sono l'embrione dell'arte".*

Partiremo proprio dalle origini, da Napoli, dal ventre di una città affascinante e ricchissima di cultura e tradizioni, per indagare sul cammino di uomini semplici che hanno segnato la storia consegnandoci probabilmente la vivanda più apprezzata a livello mondiale. Resistendo a guerre, miseria, regni e regimi, scopriremo il ruolo e la storia di chi la fa, i pizzaioli, e dei luoghi storici dove venne partorita. Ma questo viaggio non mancherà ovviamente di portarci nel presente, incontrando una tradizione ancora vivacissima e le nuove prospettive ed "evoluzioni" in cui la pizza pare incappare. Parliamo ovviamente di quella che oggi chiameremmo pizza gourmet o contemporanea e il suo rapporto con la tradizione, il prodotto e i suoi valori intinsechi. Ma per intendere meglio non ci resta che partire dall'inizio e raccontare questa lunga storia di uomini, del loro genio e della loro maestria.

# BREVE STORIA DELLA PIZZA E DELLA PIZZERIA

---

Non si può fissare una data, un secolo o semplicemente un ristretto arco temporale in cui collocare l'origine di una delle pietanze più antiche, popolari e gustose della storia umana: la pizza. Ammettendo che ciò fosse possibile, bisognerebbe scavare di millenni addietro, fino ad arrivare dove le fonti storiche non possono più supportarci e la memoria si perde in gesti tanto semplici quanto a noi ormai sconosciuti, la preistoria.

Senza considerare che questo nostro percorso a ritroso ci porterebbe alla scoperta di qualcosa di completamente diverso dal nostro oggetto di ricerca.

La storia della pizza, così come universalmente è intesa, pare invece l'evoluzione di un concetto, un sentiero sconnesso su cui seguire tracce lontane tra loro, pratiche e tradizioni che da sempre hanno accompagnato l'umanità. Più che un'invenzione o una scoperta attribuibile a una singola mente illuminata, la pizza è frutto del genio e della laboriosità dei popoli.

La pizza non conosce crisi: in Italia è un business da 30 miliardi all'anno e dà lavoro a centinaia di migliaia di persone.

I numeri parlano chiaro: centotrentamila imprese coinvolte e centomila addetti a tempo pieno che salgono a duecentomila nel fine settimana, otto milioni di pizze al giorno, tre miliardi in un anno e un fatturato di 15 miliardi con un movimento economico superiore ai 30.
Il business della pizza in Italia è uno dei più attivi fattori di sviluppo economico, con un piccolo neo, piccolo ma, evidentemente, non insignificante. Le più importanti catene di pizzerie del mondo sono americane.

# *Origini mediterranee*

Le origini della pizza sono indissolubilmente legate alle innovazioni nelle tecnologie agricole avvenute in età preistorica, prima in Mesopotamia e poi in area mediterranea. Tra queste innovazioni, alle quali l'uomo arrivò dopo millenni di nomadismo, sono fondamentali per questa nostra storia l'introduzione delle colture cerealicole, come orzo, miglio, farro e frumento che, grazie alla loro lavorazione e conseguente panificazione, rappresentano ancora oggi la nostra principale fonte di nutrimento. Già nel Neolitico (12.000-10.000 a.C.) esistevano cereali lavorati, ridotti in farine e cotti semplicemente su pietre bollenti, di cui si è trovata ovunque traccia nel Vicino Oriente: polente di cereali macinati o dischi di pane azzimo erano già preparazioni conosciute.

Sono gli Egizi i primi a scoprire le proprietà del lievito e a selezionare farro e piccolo farro, orzo, legumi e lino. La fermentazione permetteva loro di realizzare alimenti ben più digeribili e duraturi, come birra e focacce, motivo per cui alcuni fanno risalire addirittura agli antichi abitanti delle sponde del Nilo l'invenzione della pizza. Ma qualcun altro potrebbe a ragion veduta osservare che "una carrozza non è un'automobile".

Sta di fatto che la *pitta*, così come la chiamavano i Greci, era un alimento diffuso già nell'antico Egitto e, per il compleanno del Faraone, ad esempio, si consumava solitamente questa schiacciata condita con erbe aromatiche.

Molte di queste notizie ci arrivano dai racconti di storici, poeti e geografi greci, con il loro gusto per le curiosità e gli aneddoti. Erodoto ci ha tramandato delle ricette babilonesi non molto differenti da quella del faraone. Archiloco di Paro, poeta e militare del VII secolo a.C., ci informa della sua "focaccia impastata", a suo dire, l'alimento principale del soldato. *Pitta* in greco può significare focaccia, pane, piatto. L'Egeo ci tramanda notizie della diffusione di schiacciate e focacce, un alimento popolarissimo in tutto il mondo classico, che con i coloni e i mercanti greci viaggiò e raggiunse le sponde della nostra Penisola e, in generale, tutto il Mediterraneo. La pitta si usava anche come piatto su cui deporre i cibi a tavola, un uso che sembra lontano dal nostro orizzonte culinario.

D'altro canto, cuocere impasti lievitati non equivale a fare una pizza.

Specie perché gli attuali cereali derivano da quelli selezionati in età romana, attraverso secolari opere di studio e incrocio tra i diversi tipi di farro allora conosciuti. La stessa parola "farina", per l'appunto, deriva dalla parola *far*, farro in latino. Una volta raccolti, i chicchi di farro venivano tostati e avviati alla macinatura mediante pestello o alla molitura delle macine, anche azionate ad acqua. La farina spesso veniva mescolata con acqua o latte e per preparare il *puls*, un composto semiliquido che per molto tempo prima della diffusione del pane, fu il piatto tipico dei romani, tanto da guadagnare a questi l'appellativo di **pultiphagi** o **pultiphagonides**, in greco "mangiatori di puls". Il farro poteva anche essere unito ad altri cereali, come segale e orzo. Difatti, in un secondo momento, i contadini cominciarono ad impastare la farina di frumento o farro macinati con acqua, erbe aromatiche e sale, per poi ricavarne una focaccia rotonda cotta sul focolare, al calore delle ceneri.

Le popolazioni latine continuarono ad usare dischi di pane a mo' di piatti per contenere pietanze sugose che a **Neapolis** e nel Sud diventavano il cibo asciutto di chi, artigiano in città, contadino o pastore in campagna, era costretto a stare per lungo tempo in bottega o lontano da casa, un pasto completo contenuto in una forma di pane.

E non è allora un caso che certi usi siano finiti nel poema latino per eccellenza, l'Eneide di Virgilio:

> *Avean poche vivande; e quelle poche*
> *Gran forme di focacce e di farrate*
> *In vece avean di tavole e di quadre,*
> *E la terra medesma e i solchi suoi*
> *Ai pomi agresti eran fiscelle e nappi.*
> *Altro per avventura allor non v'era*
> *Di che cibarsi. Onde, finiti i cibi,*
> *Volser per fame a quei lor deschi i denti,*
> *E motteggiando allora: O, disse Iulo,*
> *Fino a le mense ancor ne divoriamo?*

Dopo i Romani, i Longobardi. Arrivati in Italia nel VI secolo d.C., queste popolazioni di stirpe e lingua germanica instaurarono un dominio che al Sud si rivelò lungo quasi cinque secoli, con i ducati di Spoleto e Benevento che caddero solo all'arrivo dei Normanni. Anche ai Longobardi si deve un contributo storico alla pizza. Con un termine preciso: *"bizzo-pizzo"*, dal germanico **bizzen**, morso. Da morso a boccone, a pezzo di pane, fino a focaccia, è un percorso logico che i linguisti chiamano un comune processo di traslato metonimico.

Non a caso, allora, il termine pizza fa la sua prima apparizione sul finire di quello che a scuola abbiamo imparato a chiamare Alto Medioevo. Precisamente, nel 997, in un documento in latino raccolto nel **Codex Cajetanus**, ovvero di Gaeta, la focaccia viene per la prima volta chiamata *piza*. All'improvviso, 12 pizze fanno capolino in un contratto di locazione di un mulino sul fiume Garigliano, che oggi separa Campania e Lazio.

Il documento, infatti, conservato nell'archivio del duomo di Gaeta, afferma che, oltre all'affitto, ogni anno erano dovute ai proprietari "duodecim pizze" (12 pizze) a Natale e altrettante a Pasqua, come corvée, ovvero pagamenti in natura e servizi molto comuni in età feudale. Altri documenti dell'epoca attestano l'uso del termine picea, ma non sappiamo se in alternativa o per indicare una preparazione diversa.

Nei successivi secoli medievali e nella prima età moderna, si moltiplicano le apparizioni in ambito letterario, come la "piza panis" del cancelleresco di Pesaro del 1531, o la frase attribuibile al poeta e saggista Benedetto De Falco che, nella sua *Descrizione dei luoghi antichi di Napoli* (1535), scrive:

## *"La focaccia, in Napoletano è detta pizza".*

A questo punto, le testimonianze ci permettono di fare una distinzione: da una parte, abbiamo una gestualità comune alla vita rurale e di campagna, dall'altra, un modo più urbano di concepire la pizza. La preparazione di quelle che oggi chiameremmo schiacciate era probabilmente un'attività riservata alle fasi di prova o di spegnimento del forno a legna, con cottura in teglia di quelli che erano avanzi della preparazione del pane, un fenomeno ancora molto diffuso nelle case e nei forni del Sud.

Siamo al primo spartiacque nella storia della famiglia dei lievitati: da un lato la nascente pizza napoletana, che necessita di una cottura in forno specializzato intorno ai 450-480 gradi, veloce e violenta, dall'altra una cottura di reimpiego, solitamente a temperature molto più basse. Forse è per questo che la pizza ha quella vocazione, un po' più "cittadina", che le riconosciamo, rispetto ai buoni e genuini, ma più semplici e poveri prodotti della panificazione contadina, di natura "portatile" e utilitaria come la schiacciata e/o la focaccia.

# A Napoli

Presumibilmente, nel Settecento, la pizza napoletana inizia a distinguersi, non solo per la forma, il condimento o il nome, ma perché diventa qualcosa di diverso, autonomo, che partendo da radici solide e antiche, diventa qualcosa di assolutamente nuovo, specifico e particolare.

Non conosciamo la data esatta in cui fu aperta la prima pizzeria a Napoli, né si sa quando il primo *pizzaiuolo* venne chiamato e identificato con questo nome di mestiere. Come spiega lo storico Mattozzi, la loro comparsa rientra infatti in quei fenomeni sociali e di costume – in questo caso della ricerca di nuovi cibi e nuovi sapori – che sfuggono alla registrazione dei cronisti e vengono rilevati e osservati solo quando sono già maturi. Questa ulteriore mancanza nella ricostruzione della nostra storia, dettata fondamentalmente dalla scarsità - se non dalla totale nullità - delle fonti dirette a nostra disposizione, evidenzia però due cose. La prima è che la categoria dei pizzaiuoli subì un processo identitario piuttosto lento e travagliato, tale da confondere a lungo questi con mestieranti diversi, legati alla ristorazione e all'esercizio pubblico, o tutt'al più, alla generica categoria dei fornai.

Ulteriore indizio in questa direzione è l'assenza, durante il Settecento, di una corporazione di mestiere rispetto alle centinaia già esistenti nell'ambito della produzione di vivande, anche tra le più umili.

A Napoli avevano già le proprie associazioni di rappresentanza *bazzareoti, becchini, stallieri, maccaronari, frittori di pesce, franfelliccari, ogliarari* di otre in collo, *trippaiuoli*. Non c'è traccia invece della corporazione dei *pizzaiuoli*. I documenti ci assicurano però, ad esempio nel 1799, dell'esistenza di figure che preparavano pizze, servite in una "bottega" apposita.

Tutte queste lacune nelle fonti, vengono forse chiarite più in là dalle pagine de **Il ventre di Napoli** (1884) di Matilde Serao:

«*Un giorno un industriale napoletano ebbe un'idea. Sapendo che la pizza è una delle adorazioni cucinarie napoletane, sapendo che la colonia napoletana in Roma è larghissima, pensò di aprire una pizzeria in Roma. Il rame delle casseruole e dei ruoti luccicava, il forno vi ardeva sempre; tutte le pizze ci si trovavano: pizza con alici e olio, pizza con olio, origano e aglio. Sulle prime la folla vi accorse: poi andò scemando. La pizza, tolta al suo ambiente napoletano, pareva una stonatura e rappresentava una indigestione; il suo astro impallidì e tramontò, in Roma; pianta esotica, morì di questa solennità romana. È vero infatti: la pizza rientra nella larga categoria dei commestibili che costano un soldo e di cui è formata la colazione o il pranzo di moltissima parte del popolo napoletano. Il pizzaiuolo che ha bottega, nella notte, fa un gran numero di queste schiacciate rotonde, di una pasta densa, che si brucia, ma non si cuoce, cariche di pomidoro quasi crudo, di aglio, di pepe, di origano: queste pizze in tanti settori da un soldo, sono affidate a un garzone che le va a vendere in qualche angolo di strada, sovra un banchetto ambulante e lì resta quasi tutto il giorno con questi settori di pizza che si gelano al freddo, che si ingialliscono al sole, mangiati dalle mosche. Vi sono anche delle fette da due centesimi, pei bimbi che vanno a scuola; quando la provvista è finita, il pizzaiuolo la rifornisce, sino a notte. Vi sono anche, per la notte, dei garzoni che portano sulla testa un grande scudo convesso di stagno, entro cui stanno queste fette di pizza e girano pei vicoli e danno un grido speciale, dicendo che la pizza ce l'hanno col pomidoro e con l'aglio, con la muzzarella e con le alici salate. Le povere donne sedute sullo scalino del basso, ne comprano e cenano, cioè pranzano, con questo soldo di pizza».*

Con straordinaria combattività e arguzia, la giornalista e scrittrice, porta alla luce delle nozioni fondamentali utili a capire il fenomeno:

- la specificità partenopea della pizza e della pizzeria

- il fatto che per lunghissimo tempo fosse adorata solo dai napoletani e non da altri

- l'ennesima conferma che il tipo di pizza che sarà chiamata "margherita" esisteva già da prima della sua presunta data di nascita, che risale a molti decenni prima del 1889

- il carattere popolare, anzi plebeo, di questa pietanza.

Essenziale l'ultimo punto. La Napoli dell'epoca era la città più densamente popolata d'Europa con una popolazione in sofferenza per la precarietà economica e abitativa. Gli scritti del tempo sono concordi nell'attribuire alla pigrizia e agli usi e costumi del popolo minuto la cattiva abitudine di acquistare con gli scarsi guadagni familiari il cibo, anziché cucinarlo nelle proprie abitazioni. Molti scrittori ignoravano totalmente le condizioni di disagio abitativo che la plebe napoletana era costretta a patire nei bassi e nei fondaci dei quartieri, spesso privi di servizi igienici ma anche di un vano dedicato alla cucina, riservandosi a malapena lo spazio per dormire, come riporta ancora nel 1902 Francesco P. Rispoli. Questo fenomeno si riproporrà con continuità fino al pieno '900. Quindi, socialmente, che ruolo e che grado aveva il pizzaiolo? Era agli ultimi posti nella scala sociale e tributaria. Infatti, rispetto alle restanti categorie di esercenti che versavano le tasse al governo di città, la categoria del pizzaiuolo, spesso mal identificata nei documenti, era la meno tassata probabilmente in maniera proporzionale al guadagno stesso ipotizzato per tale attività. Agli occhi delle classi elevate e degli intellettuali dell'epoca, che usavano appunto scrivere di usi e dei costumi, tutto questo doveva apparire poco decoroso e non degno di nota.

Ma, da un punto di vista socio-economico, venne a crearsi una sorta di circolo virtuoso o, se vogliamo, di vincolo di necessità che favorì la produzione di pizze in quella Napoli: il basso costo permetteva la penetrazione del prodotto in qualsiasi strato sociale, d'altro canto la sovrappopolazione generava l'abbassamento del costo e la sua diffusione. Naturalmente, al numero di pizze prodotte si preferì in seguito migliorare il servizio, la bontà degli ingredienti, ma si tratta di una fase avanzata, quando apparvero sulla scena locali che disponevano di "camerini" per il consumo delle vivande.

# Scrittori e dizionari

Ma la domanda che qui interessa è un'altra: come e quando sono nati la "pizza napoletana", le "pizzerie", i "pizzaiuoli"? È questo il nocciolo della nostra ricerca e le tre cose non vanno separate. Appurata la scarsità di fonti dirette, e quindi l'impossibilità di procedere - o iniziare a procedere - in maniera lineare nella nostra ricostruzione, possiamo solo affidarci alle parole e ai loro significati, comparando scritti letterari e vocabolari, che spesso sono l'espressione del pensiero del periodo in cui sono stati scritti. Edmondo Cione (1908-1965), in un gustoso capitolo dedicato alla pizza napoletana, alla stessa domanda rispondeva:

«...*se per pizza si intende genericamente schiacciata, o focaccia che dir si voglia, e che in alcuni paesi si dice o si è detta pizza, io credo che bisognerà rimontare ai primordi della civiltà umana... all'epoca neolitica o anche addirittura alla paleolitica... ma non è di questa che noi vogliamo parlare, bensì di quella specialità partenopea degna di apparire alla mensa di Giove dove senz'altro sarebbe già apparsa, se per far le pizze alla napoletana non fosse stato necessario il pomodoro...introdotto in Europa dal Perù solo nel Cinquecento e cominciato a coltivare*

*da noi solo nel Seicento. D'altro canto non ritengo che... fosse
nota neppure nel Seicento perché in tutta la letteratura dialet-
tale di quel secolo non ne ho mai trovato cenno...»*

In effetti la parola pizza si trova in diversi autori del passato, ma è sempre riferita a un tipo di focaccia diversa
dalla nostra. Saltando le citazioni erudite che risalgono
ad autori di vari periodi storici e che sono registrate nei
dizionari, etimologici e non, di qualche monografia recen-
te e nelle centinaia di articoli giornalistici sull'argomento,
se ne ricorda qui soltanto uno, per altro molto citato, G.B.
Basile (1575-1623) che nel suo **Pentamerone**, che Benedetto Croce definì «il più antico, il più ricco e il più artisti-
co tra tutti i libri di fiabe popolari», ha inserito una novella
intitolata proprio **Le due pizzelle**. E la parola compare altre due volte nella raccolta, ovvero nell'introduzione alla
seconda giornata e nella novella Pinto Smalto. Ma nella
novella delle due pizzelle si tratta di focaccette, e nelle
altre due si tratta di una filastrocca senza senso. È evi-
dente che non stiamo parlando della pizza che ci piace e
interessa.

"Old but gold!" (trad. vecchio ma ancora ottimo!) oserebb-
bero dire gli anglofoni, riferendosi alle parole scritte dal
noto poeta del Cinquecento napoletano, Velardiniello, il
quale, nel suo **Storia de' cient'anne arreto**, un poemetto
popolare, inneggia nostalgico ai tempi passati e attribu-
isce alla pizza la forma che «te parea rota de carro», una
peculiarità anche della pizza napoletana attuale, spesso
millantata dai pizzaiuoli per sottolineare l'abbondanza
dei loro prodotti.

Si deve attendere la fine del Seicento per i primi utilizzi del

pomodoro in ambito culinario, come confermato anche dagli storici dell'alimentazione. La sua distanza inziale dalle
cucine napoletane era dovuta alle credenze pseudoscienti-
fiche che aleggiavano intorno al prodotto, ritenuto tossico e
afrodisiaco, quindi doppiamente condannabile. Fugace apparizione fa la salsa di pomodoro nello **Scalco alla Moderna
di Antonio Latini**, edito nel 1692-94. L'autore, intenzionato
a sottolinearne la stravaganza ed "esoticità", riporta la sua
ricetta "Salsa di pomodoro alla Spagnola", qui di seguito:

«*Piglierai una mezza dozzina di Pomodoro , che sieno mature;
le porrai sopra le brage, a brustolare, e dopo che saranno ab-
bruscate, gli leverai la scorza diligentemente, e le triterai minu-
tamente con il Coltello, e v'aggiungerai Cipolle tritate minute,
a discrezione, Peparolo pure tritato minuto, Serpollo o Piperna
in poca quantità, e mescolando ogni cosa insieme, l'accomode-
rai con un po' di sale, Oglio, e Aceto, che sarà una Salsa molto
gustosa, per bollito, o per altro*».

È bandito dai ricettari di cucina napoletana fino alla pub-
blicazione del **Cuoco Galante** di Vincenzo Corrado, del
1773, ma probabilmente il suo utilizzo nella preparazione della nostra amata pizza era già precedente a questa
data, attestandosi intorno agli anni Quaranta e Cinquanta del secolo.

Tornando alla parola pizza: «È un nome generico di tutte
le forme di torte, focacce, schiacciate e quindi si aggiunge qualche aggettivo per distinguerle. Ecco le principali:
pizza fritta, pizza a lo furno co l'arecheta, pizza sedonta,
pizza stracciata, pizza di cicoli, pizza doce». Così riporta
il **Vocabolario Napoletano-Toscano** dell'abate Ferdinando
Galiani, pubblicato postumo nel 1789, e che apre il no-

stro excursus e la nostra ricerca tra i vocabolari e dizionari dell'epoca.

Insiste nella stessa direzione il **Vocabolario domestico napoletano e toscano compilato nello studio di Basilio Puoti**, edito nel 1841, ma compiendo un piccolo avanzamento rispetto all'opera del Galiani, laddove riconosce nel termine pizza una focaccia, ma specificatamente quella al forno. In questo caso, si fa chiaro l'ostracismo perpetuato dalle classi elevate ed intellettuali nel riconoscere la pizza come realtà anche nella lingua italiana, dato il suo ascendente plebeo.

Difatti il Puoti doveva conoscere sicuramente la pizza e i pizzaiuoli, almeno stando a quanto riporta uno dei suoi più illustri allievi, Francesco De Santis che, ricordando il 1833 e la giovinezza, scrive: «*la sera s'andava talora a mangiare la pizza in certe stanze al largo della Carità*». Addirittura inquadra la pizzeria come spazio definito, ricreativo e sociale.

Negli anni Quaranta e Cinquanta del XIX secolo si distinguono le menzioni nelle seguenti pubblicazioni:

1.  In **Usi e costumi di Napoli**, diretto dal De Bourcard, un attento Emmanuele Rocco ci illustra minuziosamente bancone, recipienti, ingredienti, camerini e forno. Scrive: «*La pizza non si trova nel vocabolario della Crusca perché è una specialità dei napoletani, anzi della città di Napoli*». Importante è soffermarsi su questo periodo. Infatti l'aggettivo napoletano all'epoca era esteso a tutti i residenti del regno, compresi ad esempio i pugliesi e i calabresi, ecco perché Rocco aggiunge quell'"anzi" finale.

2. Emmanuele Bidera, nella sua guida **Passeggiata a Napoli e contorni** del 1847, non perde occasione per descriverci tra i "piccoli mestieri" quello del pizzaiuolo e della sua "fucina". Scrive con il tipico e tutto partenopeo gusto del meraviglioso: «*mi para innanzi un apparato di ova bianchissime e di ova rosse - i pomodori - che formano un musaico, varie specie di pesciolini e varie di latticini*» e definisce il forno come «*la fucina di Vulcano con Ciclopi che si aggirano davanti all'ardente fornace*».

3. Con gli occhi del viaggiatore, Alexandre Dumas, nel suo **Corricolo**, ci dipinge una figura che sicuramente avrà colpito la sua attenzione, ovvero il pizzaiolo ambulante, che definisce appunto pizzaiolo d'inverno e "mellonaro" d'estate. Con grande arguzia, intuisce la caratteristica peculiare di quella figura e della sua attività, elogiando la completezza della pizza come pasto ma soprattutto focalizzando l'attenzione sulla sua economicità: «*una pizza da due centesimi basta a un uomo, una pizza da due soldi deve satollare un'intera famiglia*».

La svolta arriva all'inizio del XX secolo, precisamente nel 1905 quando, Alfredo Panzini, purista puntiglioso ma curioso delle novità definisce pizza come «nome volgare di una vivanda napoletana popolarissima probabilmente per pinsa=pestata=schiacciata». Non manca di indicare anche la parola pizzeria come «negozio ove si confeziona e mangia la pizza e altre ghiottonerie napoletane come la mozzarella, le pagnottelle imbottite con alici etc.». È questa la prima apparizione ufficiale del termine "pizzeria".

Da quel momento cresce l'autonomia etimologica, anche se in maniera ancora incerta ed eterogena, ad esempio

dallo Zingarelli nel 1922 che identifica il pizzaiuolo con
«chi fa e vende le pizze, a Napoli», o Sella che, nel '44, nel
suo **Glossario latino-italiano** fa corrispondere alla parola
*"focaccia"* a «*in napoletano è detta pizza*», ed il Peruzzi che
rincara «*Ancora qualche tempo fa queste parole erano tipica-
mente napoletane*».

# Primi documenti e l'Ottocento

Prima vera attestazione storica di pizza napoletana e dei suoi protagonisti ci viene fornita dal caso di Gennaro Majello, risalente al 12 agosto 1799, quando alla Reale Segreteria di Stato, Giustizia e Grazia arriva un suo ricorso: «con umili suppliche prostrato ai piedi della Maestà Vostra espone come per le calamità sofferte nel tempo della sedicente Repubblica avendo dovuto tenere chiusa la bottega per molti mesi senza procacciarsi un grano, esercitando egli il mestiere del pizzajolo, non potendo aprirla per lo timore che i Francesi andavano a cena senza voler pagare, ha dovuto soffrire il peso dello spesato della sua bottega che non è niente indifferente e quello della sua numerossima famiglia».

Strozzato dalle pendenze, il povero Gennaro si addossa una gran mole di debiti (450 ducati) e rischia di finire in galera per insolvenza. Tale documento, oltre a regalarci la prima fonte diretta su di una pizzeria, ci fa dono di altre importanti informazioni sulla bottega dello sventurato Gennaro, ove le pizze, oltre a essere sfornate, si potevano consumare per cena.

Dal punto di vista storico, per quanto riguarda la città di

Napoli, è il tempo della post-rivoluzione, momento profondamente traumatico che vede la città ancora ferita dai soprusi dell'esercito francese e subito impegnata in una controrivoluzione, prima perseguita dalle masse popolari e poi dalla corona borbonica. Presto dilaga in Europa e anche in Italia Napoleone, già Imperatore nonché Re d'Italia, che, dopo aver costretto il re Ferdinando IV Borbone a ritirarsi in Sicilia, insediò al suo posto suo fratello, Giuseppe Bonaparte. Il cambio di regime e il conseguente rafforzamento dell'apparato burocratico, cambiarono regole e soprattutto aumentarono la produzione di documentazione giunta a noi.

Infatti, nel 1807, il cambio di regime portò all'emanazione di una nuova legge sul diritto di bollo che rivedeva la tassazione riguardo gli atti pubblici e privati, nonché le "patenti", ovvero le licenze detenute dai commercianti per lo svolgimento delle relative professioni. In applicazione della suddetta, fu compilato e trasmesso un elenco numerativo e nominativo di tutte le botteghe "che per le rispettive Arti, Mestieri e Negozi non van soggetti né al Corpo di città né alle commesse ordinarie delle Arti". Si tratta di una lunga lista con nomi e indirizzi di 1867 esercenti, suddivisi secondo la categoria di appartenenza, nella quale appaiono 55 pizzajuoli.

Mentre in un altro censimento parigino, per lo stesso anno, ne appaiono 68. Ma l'importanza del documento ai fini della presente ricerca è data soprattutto dal fatto che permette di tracciare una prima bozza della distribuzione delle pizzerie sul territorio cittadino in quell'inizio di secolo.

Se si puntano sulla carta topografica di quegli anni tutti gli indirizzi segnalati, ne viene fuori una mappa delle pizzerie perfettamente corrispondente alla densità della popolazione diversamente distribuita sul territorio cittadino. I quartieri elencati sono 10 e non 12, cioè quanti erano all'epoca in città.

Questo si deve alla scarsa densità abitativa di quei luoghi - Chiaia e San Carlo Arena - che non assicuravano la sopravvivenza di un'attività come la pizzeria. Tutt'altra storia nei quartieri "bassi" come Mercato, Pendino e Porto, grazie alla loro elevata popolosità, o altri, come San Ferdinando, Montecalvario e San Giuseppe, che rappresentavano il cuore politico e direzionale della città. In questi sei quartieri si concentrava il più altro numero di pizzerie. Alcune si conservano ancora, ma solo nei quartieri "alti". Infatti, a causa dell'epidemia e del Risanamento, i bassi vennero sventrati architettonicamente per far spazio al nuovo progetto della città, comprendente anche la Galleria Umberto I.

Per intendere al meglio quello che l'Ottocento ha significato per le pizzerie a Napoli, risultano illuminanti gli studi del grande storico Giuseppe Galasso, il quale pose a confronto dei censimenti effettuati su un arco di quasi 70 anni. Il primo censimento francese, effettuato con assoluta dovizia nel 1807, il secondo del 1844, ad opera del Regno di Napoli, e il terzo del 1871, ad opera del Regno di Italia.

Ebbene, dal confronto delle tre statistiche, risulta che nel 1807 sono riportati 68 nomi di pizzaioli, nel 1844 non sono affatto citati (probabilmente accorpati ad altre categorie), mentre, nel 1871, ne sono registrati ben 120, quasi il doppio. Da quanto si evince dai due censimenti validi, ovvero quelli agli estremi temporali, le pizzerie nell'arco di

poco più di mezzo secolo raddoppiarono il proprio numero estendendosi su tutto il territorio cittadino e allargando
sensibilmente la platea del loro pubblico.

La pizza oramai si apprestava a diventare icona della napoletanità insieme ai maccheroni, in maniera trasversale
alla scala sociale, abbattendo i pregiudizi di rango che all'i-
nizio l'avevano colpita. E non è allora un caso che proprio
alla seconda metà dell'Ottocento che risalgono le origini
dell'attività di un importante stirpe di pizzaioli napoletani,
i **Condurro**, creatori e detentori del marchio ***Antica pizzeria da Michele.*** Vi è ricordo delle prime pizze sfornate da
Salvatore Condurro, un operaio del Regio Arsenale che,
avendo intuito tutto il valore sociale di quell'alimento,
amava condividerlo con parenti e amici, intorno al 1870.
Suo figlio Michele, colui che aprirà la pizzeria e che vi darà il
nome che conserva ancora oggi, nacque nel 1886, proprio
in quella Napoli cui le pizzerie andavano moltiplicandosi
e intrecciandosi in maniera sempre più vitale col tessuto
urbano. Va comunque evidenziata e tenuta presente che
la modalità di tale crescita non è da ritenersi costante e
progressiva, tant'è che ci furono eventi, soprattutto nella
seconda metà del secolo in questione, che agirono da ca-
talizzatori intorno agli anni Quaranta e Cinquanta, quali i
moti liberali e l'unificazione del paese. La nuova situazione
politica influì positivamente sull'economia cittadina e sulla
mobilità sociale della città, con evidenti risvolti positivi per
il mondo delle pizzerie.

Questa espansione della pizza e delle pizzerie, però, non
mutò affatto la condizione sociale dei pizzaiuoli, che ancora venivano visti con sospetto dalle classi dominanti,
abituate a un diffuso scettiscismo e sdegno nei confronti

degli usi e dei costumi del popolo minuto.

A dimostrazione della cortina di pregiudizi che, nonostante gli elevati consumi e la diffusione della pizza tra la maggioranza della popolazione, ancora era alimentata da parte delle classi dominanti, nel 1863 viene pubblicato un saggio da parte di un docente di igiene all'Università di Napoli, Achille Spatuzzi, intitolato **Saggio sull'alimentazione del popolo minuto di Napoli.**

In questo scritto si etichettava come nociva la popolare pietanza. Difatti, prendendo nota dell'abbondante consumo di pizza da parte del popolo e della moltiplicazione a vista d'occhio delle pizzerie, Spatuzzi scrisse: «*queste sono spesso fatte da pasta che per essere lungamente conservata ha subito una fermentazione acida; spesso non son ben cotte e i grassi che si adoperano sono cattivi*»

Non era il solo a pensarla così. Errico de Renzi, altro medico, in uno studio analogo chiosava: «*l'olio è il condimento del popolo minuto, la sugna è il condimento del popolo agiato [...] l'olio di oliva è puro grasso e contiene quasi 3/4 di oleina e più di un quarto di margarina*». Soprattutto il popolo minuto contravveniva nuovamente a una «*sana alimentazione*» mangiando troppa frutta e verdure, di cui si sosteneva lo scarso potere nutritivo, e la consumazione dettata dal basso costo. Figuriamoci cosa allora si potesse pensare del pomodoro, già accusato in passato di essere tossico o afrodisiaco, ora invece tacciato di essere privo di qualsiasi effetto benefico o malevolo, anzi di avere scarso potere nutriente.

La scoperta delle vitamine avverrà solo nei primi anni del Novecento, permettendo per secoli al popolo napoletano di farsi del bene a basso costo, consumando frutta e verdura, resistendo a un'atavica fame e miseria, preferendo alla sugna l'olio d'oliva, alla carne gli ortaggi, ma soprattutto consumando in maniera abbondante quelle gustose pizze.

## *Novecento e primi 2000*

Ancora nei primi anni del '900, lo stato dell'arte della pizzeria napoletana appare florido. Napoli, pur avendo perso il suo status di capitale, rimane una grande città, industriosa e piena di vita. A sfamare la pletora di lavoratori che vivono la loro quotidianità professionale a stretto contatto con la strada e coi quartieri sono spesso proprio i piazzjuoli. Proprio nel 1904, **Michele Condurro** apre la sua prima pizzeria a Forcella e, intuendo la peculiarità di quello stretto rapporto tra i lavoratori napoletani e la strada, investe grandemente nella distribuzione ambulante delle sue pizze che, ben presto, dunque, si fanno conoscere in quel reticolato di vie che, ancora all'epoca, prima dei risanamenti, esisteva tra via Tribunali e piazza Mercato.

E nemmeno la prima guerra mondiale arresta la crescita impetuosa delle pizzerie, che continuano ad espandersi su tutto il territorio cittadino, entrando nei quartieri borghesi, smussando le proprie tipicità popolari, come la tipica forma a "ruota di carro", ma mantenendo sempre vivo il rapporto essenziale con la tradizione. Tutto questo genera anche una spinta alla mobilità sociale delle famiglie pizzajuole, in una città pur caratterizzata da una certa cristallizzazione figlia di quell'*ancien regime* duro a morire. Né, ovviamente, mancavano congiunture sfortunate e traversie nella storia di quelle famiglie che hanno fatto grande la storia della pizza napoletana. Michele Condurro è costretto, ad esempio, nel 1920 a chiudere bottega, a causa di un nuovo piano urbano che aveva individuato in via santa Maria Egiziaca il luogo ideale per la costruzione del nuovo ospedale. Per i Condurro, seguiranno 10 anni di peripezie, prima che Michele ritrovi la possibilità di affittare una nuova bottega in via Cesare Sersale, nello stesso quartiere della prima.

A costituire una vera e propria battuta d'arresto, per quella primavera della pizza di cui si è detto, interverrà invece il secondo conflitto mondiale, che metterà a dura prova la città, prostrata dai pesanti bombardamenti e dall'occupazione nazifascista, responsabili di gravi danni al tessuto sociale e umano partenopeo. Sono gli anni della miseria più totale, raccontate dai grandi artisti del Novecento napoletano, con in testa i figli di Napoli che, grazie al loro genio, immortaleranno la città a teatro e al cinema, consegnando quel popolo fiero nella sua umiltà e simpatia per sempre alla leggenda.

Parliamo di Totò ed Eduardo De Filippo, ovviamente.

Eppure, negli anni della guerra e dell'immediato, miserrimo dopoguerra, la pizza resiste alla penuria di materie prime e ingredienti, quasi tornando alle origini, con le bancarelle e la pizza fritta che riportano animo alle strade della città, grazie all'economicità e alla praticità di preparazione.

Nel 1954, per i Condurro, protagonisti particolari di questa nostra storia, avviene il passaggio generazionale. **Salvatore Condurro**, uno dei figli di Michele, acquista la pizzeria da suo zio Tonino. È l'inizio di una svolta, dovuta innanzitutto al senso del lavoro e all'abnegazione del nuovo proprietario, ma anche alla maestria e all'attaccamento alla tradizione avita dei suoi fratelli, Antonio e Luigi, che hanno condotto la pizzeria che porta il nome di loro padre, l'Antica Pizzeria da Michele, a distinguersi e a diventare un'autentica istituzione, in città, in Italia e anche all'estero.

Con i primi accenni di ripresa e col primo benessere da boom economico, infatti, la pizza napoletana sembra perdere qualcosa di fondamentale, nell'essenza, ma soprattutto nella qualità, compromessa dalla travolgente industrializzazione applicata alla produzione delle materie prime e dalla conseguente semplificazione alimentare. Dopo anni di fame nera, infatti, si preferiscono le calorie alla varietà e al gusto. Nel frattempo, in tutta Italia, iniziano ad aprire pizzerie napoletane che di partenopeo de facto hanno ben poco. A Napoli c'è però chi, come da Michele, reagisce al rullo compressore dell'industrializzazione con la lealtà più assoluta alla tradizione di famiglia e al rapporto privilegiato con le famiglie fornitrici di materie prime del territorio. Un cambio di passo e un recupero delle origini, più generale, a livello nazionale, arriverà solo negli anni '80 quando, grazie alla nascita di un movimento dei pizzaioli napoletani coordinati, i trucchi di questo mestiere napoletano raggiungeranno anche i luoghi più remoti dello Stivale.

Per intendere il caos intorno alla questione identitaria in quegli anni, basti ricordare che nel 1991 si dovette arrivare a un formale riconoscimento legale della paternità italiana della stessa. La corte municipale di San Francisco, infatti, presieduta dal giudice George Choppelas, dopo un lungo dibattimento in aula tra vari pretendenti, decretò una volta per tutte l'origine italiana della pizza, attestata intorno all'anno 1000 d.C. con il nome di picea, svilendo le tesi che volevano riportarne le origini all'Egitto o alla Cina.

Gli anni 2000 segnano l'inizio della globalizzazione della pizza napoletana che viene esportata in tutto il globo, anche grazie a grandi catene come *Rossopomodoro*. A differenza delle prime migrazioni ed esportazioni degli inizi del Novecento, queste avventure imprenditoriali appaiono ben più consapevoli, con una cura particolare per i prodotti di qualità, in coerenza con quanto richiesto dai maestri pizzaioli di Napoli. La figura del pizzaiolo assume nuova fisionomia: non più soltanto artigiano del gusto, ma imprenditore che gestisce investimenti di terze parti, che bada alla delocalizzazione e avvia franchising a diffusione sovranazionale. La pizza diventa un business e questo trend non dà affatto l'impressione di volersi arrestare.

# Pizza business

Eppure, nonostante questa storia centenaria, in Italia, per lungo tempo non siamo riusciti ad andare oltre la piccola attività di famiglia. Paghiamo perciò oggi tutte le conseguenze di questo ritardo competitivo nei confronti, ad esempio, delle grandi catene americane.

In altre parti del mondo, infatti, pur in mancanza della nostra storia e della maestria dei nostri pizzaioli, avere una pizzeria significa, da molto prima delle soglie del XXI secolo, espandere il proprio business a più di un locale. Spesso, all'estero, i proprietari di pizzerie danno vita a catene che talvolta hanno la fortuna di diventare multinazionali.

Il caso degli Stati Uniti è, in proposito, emblematico. I primi casi di *pizza parlor*, le tipiche pizzerie monolocale che vendono la pizza al taglio nelle principali città del paese, a trasformarsi in *fast food* e a strutturarsi come franchising risalgono alla fine degli anni '50.

*Pizza Hut*, ad esempio, fondata da due fratelli di Wichita (Kansas) nel 1958, era già una catena di 6 ristoranti a distribuzione "federale" nel 1959. Nel 1977, la catena era così grande da essere comprata addirittura dalla **PepsiCo**. Oggi la "Pizza col cappello" ha quasi 18.500 *dine-in restaurants* in tutto il mondo e fa parte del colosso YAM. Stesso discorso vale per i suoi principali competitor a stelle e strisce, cioè **Domino's Pizza**, nata in Michigan nel 1960 e con un fatturato annuo medio di quasi 2 Mld di dollari, e **Papa John's**, nata nel 1984 nel Kentucky e dotata oggi di un potere d'acquisto tale da farne uno degli sponsor principali della **NFL**, una delle leghe sportive professionistiche più ricche al mondo.

E le catene di pizzerie sono percepite così potenti nell'immaginario collettivo americano che, nel film di fantascienza **Demolition Man** (1995), al protagonista, interpretato da Sylvester Stallone, un uomo arrivato nel futuro da ibernato, viene spiegato che **Pizza Hut** è l'unico ristorante ad essere sopravvissuto alle *franchise wars*, le guerre tra fast food, avendo presumibilmente battuto persino **McDonald's**.

Si intende qui forse affermare che, al netto dei quasi 50 anni di ritardo, l'Italia dei pizzaioli dovrebbe seguire il sentiero, o meglio l'autostrada imprenditoriale già battuta da questi colossi del *food&beverage* d'Oltreoceano? Ovviamente no. Il mondo è bello perché è vario, e alle pizzerie italiane non si può certo chiedere di gettare alle ortiche la tradizione. Sarebbe tra l'altro del tutto vano provare a competere con gli americani sul loro terreno, semplicemente non li si può battere con quello stesso modello di business da loro inventato e perfezionato per decenni. D'altro canto, anche se abbiamo aperto dicendo che la pizza è pizza, la pizza napoletana non è affatto lo stesso prodotto, non solo fast (una caratteristica che in fondo è comune, in parte, anche

alla pizza napoletana), ma anche *junky* ("poco sano"), che è la pizza americana. Qualcosa, come vedremo più avanti, si può imparare anche dalle esperienze Made in USA, ma è necessario trovare la propria via. La globalizzazione chiama e Napoli, col suo oro culinario, risponde, ma a suo modo e coi suoi tempi.

Vediamo però insieme quali sono i numeri del *pizza business* oggi in Italia. Negli scorsi tre anni, le aziende italiane coinvolte nel mercato della pizza sono cresciute di quasi 2000 unità, avvicinandosi alle 130.000 totali. Di queste, le attività con servizio alla clientela *in loco* sono oltre 76mila (di cui quasi 40mila ristoranti/pizzerie e più di 36mila bar/pizzerie), oltre 36mila quelle senza somministrazione (15mila rosticcerie/pizzerie, 14mila pizzerie da asporto e il resto gastronomie/pizzerie), oltre 14mila infine le panetterie che sfornano, tra le altre cose, anche la pizza.

Volendo sintetizzare e semplificare il discorso, è possibile stimare che in un ristorante/pizzeria, il tipo di locale che più rispecchia la mentalità diffusa dei ristoratori italiani, si fatturano in media oltre 118.000€ dalla sola pizzeria, e poco più dal solo ristorante. Il totale si attesta cioè intorno ai 240.000€ di fatturato annuo per locale.

Va da sé che ci sono *best practice* con fatturati più importanti, così come vi sono un numero enorme di ristoranti e pizzerie che viaggiano abbondantemente sotto queste cifre e che faticano a far quadrare i conti a fine anno. Il dato medio italiano è però quello appena riportato. Poco? Tanto? Dobbiamo farci guidare dalla forza delle comparazioni.

Negli Stati Uniti, una pizzeria a presunta immagine e somiglianza di quelle italiane, cioè a conduzione famigliare e caratterizzata da un forte legame con le tradizioni, da ostentata italianità e passione latina, come quelle che si vedono spesso sul programma televisivo **Little Big Italy** di Francesco Panella, guadagna cifre che si aggirano sui 450.000$. Ora, senza impelagarci nelle sabbie mobili del cambio euro/dollaro, pare evidente che una pizzeria media negli USA guadagni sensibilmente di più del ristorante-pizzeria italiano. Eppure la pizza, stando a quella sentenza americana di cui vi ho parlato nella panoramica storica, l'abbiamo inventata ed esportata noi.

C'è ovviamente da tenere in considerazione il differente prezzo delle pizze in corrispondenza di diversi costi della vita. La quasi totalità delle pizze tonde (non al trancio) costa, in Italia, tra 5 e 10 euro. Per la precisione, il 55% tra 5 e 7€ e il 37% tra 7 e 10€. Sotto i cinque euro costa solo il 4% delle pizze. E lo stesso 4% rappresenta la fetta di mercato delle pizze *luxury* o *gourmet*, oltre i 10€. A rimanere le preferite per oltre tre quarti dei consumatori (78,8%) sono proprio le pizze tradizionali: Marinara e Margherita, Napoletana o Capricciosa.

In USA, il costo di una pizza da piatto è mediamente compreso tra 11,99$ e 19,99$. Il prezzo medio per pizza è molto più alto rispetto a quanto siamo abituati nel nostro Bel Paese, specie se si prende in considerazione il nostro Mezzogiorno, dove i costi sono sensibilmente più contenuti e far pagare una margherita più di 5€ è considerato quasi un furto. Va quindi sottolineato come, negli USA, sappiano guadagnare, da un prodotto con una reputazione mediocre rispetto a quella della nostra pizza, quasi il doppio di quanto i nostri pizzaioli-imprenditori riescano a incassare per delle pizze decantatissime. E già questo dovrebbe far riflettere. Ma c'è infatti un ulteriore dato, ancora più significativo, da mettere sotto la lente d'ingrandimento. Quale potrà mai essere la differenza di incassi tra pizzeria con mastro pizzaiolo italiano e pizzeria con preparazioni industriali da catena di montaggio alimentare, secondo il modello McDonald's?

Vi rispondo subito: se una pizzeria italiana, come detto, fattura in media 240.000€/anno, se, come poc'anzi visto, una pizzeria indipendente americana fattura 450.000$/anno, una pizzeria appartenente a una catena, come Pizza Hut o Domino's, arriva a fatturare in media oltre 770.000$ all'anno. Il triplo di una pizzeria italiana, in barba al mastro pizzaiolo e alla sua padronanza artigiana del mestiere. Questo dato ci deve spingere a una riflessione seria.

Specie perché la pizzeria è uno dei simboli dell'imprenditoria italiana e della nostra invidiata e apprezzata industria alimentare. Siamo convinti, a torto o a ragione, di essere gli unici depositari del talento nel preparare la pizza. E allora ammettendo, come personalmente sono ben contento di fare, di essere i più in gamba con la pala, non possiamo non ammettere anche di essere tra i peggiori dietro il registro di cassa. Bravi a fare la pizza, pessimi a venderla.

Davvero non siamo in grado di andare oltre la bottega gestita in capo a una famiglia? Davvero vogliamo puntare tutto su quella piccola pizzeria, destinata a funzionare solo finché il capofamiglia non avrà problemi a sostenere i ritmi dell'esercizio? Per fortuna, come stiamo per vedere, Antica Pizzeria da Michele è, a pieno diritto, tra le più soddisfacenti eccezioni sulla scena.

Senza andare giù troppo duro con l'Italia, concentriamoci su un dato oggettivo: in USA i pizzaioli *freelance* che hanno, come i nostri, completa libertà di produrre quello che gli pare, come gli pare, con la qualità che ritengono più conveniente e vendendo tutto quello che gli va di elencare in menu, sono in una posizione di netta debolezza nei confronti di chi, invece, produce pizze seriali e industriali, nel contesto di una grande franchigia di ristoranti a qualità standardizzata.

Come è possibile? E cosa potrebbero imparare subito gli italiani da questi dati?

La risposta è sempre da ricercare nella focalizzazione, nel posizionamento e nelle capacità di *branding*, temi che approfondiremo nel prossimo paragrafo.

Rimanendo ancora nel solco del discorso del business della pizza in Italia, un altro dato interessante da analizzare è quello della distribuzione geografica e del rapporto pizzerie/abitanti. In questo parametro di densità, a primeggiare è l'Abruzzo, con un'attività ogni 267 residenti, seguito da Sardegna (un'attività ogni 273 abitanti), Calabria (1/285), Molise (1/307) e Campania (1/335).

In termini assoluti però, com'era prevedibile per tutto quello che ci siamo detti in termini storici, è la Campania a imporsi, potendo vantare il 16% del totale delle attività nazionali sul proprio territorio. La seguono, nell'ordine, Sicilia (13%), Lazio (12%), Lombardia e Puglia (10%).

E proprio parlando della storia della pizza in Campania e a Napoli, ho già avuto modo di introdurre la **famiglia Condur-**

**ro**. Vi ho già presentato Salvatore, il capostipite, Michele, il fondatore, e Salvatore, Luigi e Antonio, i tre fratelli innovatori. Cosa ne è stato dei Condurro, del loro business della pizza e di quel gioiellino di famiglia che porta il nome di Antica Pizzeria da Michele negli ultimi vent'anni? Nel 1994, viene a mancare Salvatore, l'uomo che aveva preso in mano, 40 anni prima, una pizzeria da Michele indebitata, e l'aveva brillantemente trasformata nella pizzeria per eccellenza dei napoletani. Perché, se è vero che, tra i vichi, c'era già chi diceva a cavallo tra le due guerre che la vera pizza era solo quella di Michele, con Salvatore sono arrivati i riconoscimenti più prestigiosi e, con essi, un'indiscutibile autorevolezza. Se, nello scegliere Michele, com'è avvenuto tra anni '80 e '90, sono stati concordi Maradona e le produzioni hollywoodiane, capite bene che Napoli è conquistata e il mondo è a portata di mano.

Ed è proprio in questa direzione che si è mossa la nuova, dinamica generazione dei Condurro, ancora legata al gusto e alla filosofia originale della pizza del loro bisnonno Michele, a quella "scuola di vita" frequentata dietro il bancone e vicino al forno in via Cesare Sersale, ma con lo sguardo rivolto lontano, a più ampi orizzonti, a traguardi raggiungibili con rinnovato impegno, inedite competenze e nuove idee.

Far decollare a livello mondiale il brand dell'Antica Pizzeria da Michele, attrarre la stessa fila di uomini e donne che attendono un posto al tavolo in via Sersale anche nelle vie delle città turistiche e universitarie d'Italia e del mondo. A portare avanti questa mission in prima persona, **Alessandro Condurro**, CEO e cofondatore di **Michele in The World**, la società che dal 2012 si occupa di esportare il marchio Michele nel resto del globo.

*La pizza è Pizza*

Quella "Da Michele" è una pizza napoletana vecchio stampo, sullo stile delle pizzerie storiche di Via dei Tribunali a Napoli. Una pizza chiamata "a ruota di carro" per le sue dimensioni, che superano abbondantemente i 30 cm di diametro. Il "panetto" lavorato a mano dal pizzaiolo pesa circa 300 gr (il doppio di una normale pizza) e viene infornato rigorosamente nel forno caldissimo con una pala di legno. Da Michele affonda le sue radici nella più antica tradizione partenopea, la pasta è finissima e il cornicione non eccessivamente alto. Antica Pizzeria da Michele è stata dichiarata recentemente la migliore pizzeria d'Europa e seconda al mondo sia per il rapporto qualità/prezzo, sia per il gusto inimitabile. Un gusto unico, dovuto alla lievitazione dell'impasto (oltre 30 ore) e agli ingredienti selezionati secondo i criteri fissati dal suo fondatore, Michele Condurro, nel 1870.

Da allora cinque generazioni di maestri pizzaioli continuano l'attività del capostipite nel pieno rispetto della tradizione, tenendo fede agli insegnamenti e alle indicazioni di Michele, senza aggiungere "innovazioni" che ne alterino quel gusto e quella genuinità che hanno permesso alla pizza napoletana di essere dichiarata patrimonio dell'umanità Unesco.

È su questi tratti caratteristici che si vanno dunque costruendo la *brand identity*, la focalizzazione e il posizionamento di questa formidabile avventura nel gusto napoletano.

# I CONDURRO E IL VALORE IDENTITARIO

*«Tu vuo' fa' ll'americano, 'mericano, 'mericano*
*Ma si' nato in Italy*
*Sient' a mme, nun ce sta niente 'a fa'*
*Ok, napulitan, Tu vuo' fa' ll'american Tu vuo' fa' ll'american»*

(Renato Carosone, Tu vuò fa' l'americano)

Così cantava, nel lontano 1956, una delle più distintive e creative voci della canzone napoletana, Renato Carosone. E quelle parole risultano ancora oggi attuali e, per ciò che ci interessa più da vicino, utili per introdurre questo paragrafo. Perché, quando si parla di *branding* della pizza, oltre a essere costretto a riempirmi la bocca di tanta terminologia anglosassone, ormai parte essenziale del vocabolario base di ogni marketer anche italiano, devo anche mettere da parte l'orgoglio partenopeo, tornando a prendere in esame i colossi della pizza americana. Questi, infatti, hanno tanto da insegnare a noi italiani quando si tratta di fare marketing con un prodotto come la pizza, caratterizzato da un mercato, come abbiamo visto, fruttuoso, dove non manca però la concorrenza, spesso agguerrita.

## Posizionare, focalizzare e brandizzare il prodotto

Vi invito perciò a dare ancora un'occhiata insieme a Pizza Hut e Domino's, i leader di mercato, il McDonald's e il Burger King delle pizze *american style*. Cerchiamo di non pensare, per un attimo, a quello che sono oggi, quanto piuttosto al Pizza Hut e al Domino's quando ancora non erano multinazionali con ristoranti in tutto il mondo. I ristoranti, infatti, anche quelli che nascono con l'idea di crescere con la forma del franchising, non vengono al mondo con la presunzione di conquistare una posizione globale nell'immediato. Questo, in fondo, non è vero oggi e, sicuramente, non era vero nei primi anni '60. Per far decollare un business, è però necessaria una buona focalizzazione sulla differenziazione, la precisa individuazione di bisogni di una nicchia di clientela da soddisfare.

Pizza Hut, nata per prima, seppe distinguersi dagli altri diners e fast food dell'epoca concentrandosi esclusivamente sulla pizza. Domino's, arrivata seconda al traguardo della nascita delle pizzerie *fast-food*, in una posizione dunque non particolarmente invidiabile, seppe focalizzare ancora di più la sua offerta. Solo pizza e puntare forte sulla consegna a domicilio. Articolando chiaramente cosa rendeva quei due ristoranti unici, Pizza Hut e Domino's si sono assicurati 60 anni di convivenza. Una convivenza che conosce conflitti ma, per ora, non conosce caduti.

Dalla focalizzazione, a cascata, deriva tutto. La focalizzazione è la base del marketing strategico. Solo sulle premesse di una buona focalizzazione, possiamo infatti mettere in piedi una pianificazione che porti al successo il nostro brand. Tornando all'esempio di Domino's, la corretta focalizzazione portò alla definizione di uno dei claim commerciali più celebri e di successo di sempre, «*Calda a casa tua in 30 minuti o è gratis*», col quale, ad oggi, in molti ancora identificano la catena, anche se quella promozione è venuta ta meno da decenni.

> *«Se state cercando di fare essenzialmente la stessa cosa dei vostri rivali, allora è piuttosto improbabile che abbiate successo»*
>
> (Michael Porter)

Vi chiedo: possiamo in tutta coscienza affermare che, nel panorama del business della pizza italiano, le aziende siano abituate a dare peso alla focalizzazione? A mio avviso no.

Anche se, negli ultimi anni, una nuova sensibilità, quantomeno alla *brandizzazione*, si è andata diffondendo in tutta la penisola, permane il problema a monte del focus. Le pizzerie si assomigliano troppo tra loro, hanno pochi elementi distintivi, e, molto spesso, la classe di pizzaioli-imprenditori non si pone nemmeno il problema. Perché? In parte per pigrizia (ci si accontenta della clientela di fiducia del circondario), in parte per scarsa sensibilità al tema e, forse, per un eccessivo affidamento su un prodotto, la pizza italiana, che viene considerato così buono da vendersi da solo.

Chi, come me, vive di marketing, salve le dovute eccezioni, non ha vita facile, insomma, nell'ambiente delle pizzerie.

E allora vecchie e banali rimangono le strategie, se così possiamo chiamarle, di numerosissimi gestori di pizzerie che si affannano a far di tutto per affermare "La nostra pizza è più buona e costa meno", cercando di guadagnare clientela, nel proprio piccolo, a discapito della diretta concorrente, la pizzeria più vicina. Fermo restando che, tra l'altro, con una pizza più buona, si deve pretendere di incassare di più e che esistono diversi target, per la pizza da 3,50€ e per quella destrutturata di Carlo Cracco, chiaro è che, con questa strategia, non si va da nessuna parte. Si rimane appunto piccoli e senza riconoscimento alcuno.

Esistono però delle belle eccezioni, dei casi virtuosi, come quello l'**Antica Pizzeria da Michele**, a Napoli dal 1870.

> «*L'essenza del marketing strategico è scegliere cosa non fare*»
>
> (Michael Porter)

L'ho appena finito di dire. Tutto parte da una corretta focalizzazione e quella de L'Antica Pizzeria da Michele sembra rispondere al mantra contemporaneo del "less is more".

Curiosamente, però, risponde a questo mantra fin dalle sue origini e per le intuizioni di natura pratica di Michele Condurro che, quando aprì la sua prima pizzeria nel 1904, scelse di focalizzare e concentrare la sua arte esclusivamente su due pizze, la margherita e la marinara, che gli permettevano, a un tempo, di velocizzare il servizio, avere sempre a disposizione prodotti freschi e di qualità, specializzarsi ancora di più su poche preparazioni e venire incontro tro sia al gusto dei palati del proletariato che a quello della "signoria" urbana. A volte, la saggezza dei nostri avi è davvero sorprendente e precorre i tempi.

Insomma, una strategia nata più di un secolo fa, è apprezzata e studiata dai marketer di oggi, che non possono non apprezzare la scelta dei Condurro di evitare sperimentazioni che snaturerebbero la creazione di Michele e le farebbero perdere il valore distintivo che l'ha resa un'istituzione riconosciuta e riconoscibile da tutti.

*«Sii indiscutibilmente bravo. Nessuno sforzo di marketing e nessuna parola chiave sui social media possono sostituire il valore dell'essere bravo»*

(Anthony Volodkin)

D'altro canto, la famiglia Condurro ha portato L'Antica Pizzeria da Michele a essere l'autorità per eccellenza della pizza napoletana puntando tantissimo sulla qualità.

Qualità innanzitutto delle materie prime, assicurata da rapporti di amicizia e fiducia di lunga durata con altre famiglie radicate nel territorio napoletano come i **Caputo** (farina), i **Masturzo** (olio), i **Fusco** (fior di latte di Agerola) e i **Fortunato** (pomodoro).
Qualità anche e soprattutto della manodopera, del tocco dei pizzaioli, un valore da conservare gelosamente ora che il marchio da Michele viaggia lontano da Napoli. Per que-

sto, tutti i nuovi pizzaioli impiegati sono tenuti ad acquisire la giusta manualità e ad apprendere il mestiere con uno stage presso la sede di Napoli.

A tutto ciò contribuisce sicuramente il fatto che Alessandro, uno dei Condurro dell'attuale generazione dirigente, sia un laureato in Economia e, dunque, tutto tranne che a digiuno di *branding*. E, in questi anni, in effetti il CEO di Michele in the World, si è molto speso per la *brand identity* della pizzeria. Il primo passo, è stato un nuovo logo, certo, ma ci si è subito impegnati anche nella cura dei dettagli, da esportare insieme con la ricetta e la filosofia del bisnonno, e con un po' dell'atmosfera e dell'ambiente, anche visivo, di quella Napoli dove Michele Condurro ha vissuto.

Ed ecco allora spiegate scelte spartane, riproposte anche all'estero, come le tavolate in lastre di marmo accompagnate dalle sedie di legno. Anche e soprattutto questa è *brand image*. Perché, per essere considerati vessillo della napoletanità, non si può offrire solo un'esperienza sensoriale legata a una pizza della tradizione, ma bisogna accompagnare il cliente in una vera e propria immersione in quell'ambiente urbano che ha reso possibile la nascita di qualcosa di così eccezionale.

*«Fermare la pubblicità per risparmiare soldi è come fermare l'orologio per risparmiare tempo»*

(Henry Ford)

Il nome da Michele continua a circolare e, stando ad alcuni sondaggi, lo fa, per il 45,43% dei clienti tramite passaparola tra conoscenti e amici. E, in effetti, ad oggi, le scelte strategiche de L'Antica Pizzeria e gli investimenti dei soci sono stati orientati soprattutto alla conservazione degli alti standard qualitativi che tutti riconoscono all'azienda.

Se però si vuole accompagnare, in sicurezza e con decisione, il brand da Michele nel suo *Grand Tour* globale, è naturale pensare che nuove e più strutturate strategie di marketing dovranno essere adottate. Perché, se è vero che la pizza dei Condurro rimane sempre la stessa, mantenendosi un prodotto *glocal*, anche a contatto con grandi metropoli globalizzate come Tokyo e Londra, sicuramente cambia il mercato sul quale il profumo di quella buona pizza napoletana si va spandendo.

# Da Michele a Michele in the world

Per poter entrare ancora più in confidenza con la filosofia dell'Antica Pizzeria da Michele e della Pizza Napoletana ci affidiamo all'uomo che ha portato il Brand "da Michele" nel mondo, Alessandro Condurro, fiero depositario di una tradizione pizzajuola nata tra Torre Annunziata e i Bassi napoletani quasi 150 anni fa e, CEO di Michele in The World.

Chi meglio di lui può permetterci di entrare in confidenza con l'universo della pizza napoletana e dei suoi protagonisti?

**Quella dei Condurro è una storia ultracentenaria. Una storia che si interseca irrimediabilmente con le sorti di una città, Napoli, con la sua essenza, la napoletanità, e con quelle della sua eredità più grande: farina, acqua, pomodoro, olio e mozzarella, insomma la pizza. Una passione che scorre nelle vene da ben cinque generazioni, ormai parte di un DNA, che è dono di un padre ai figli e che è diventato una filosofia che varca i confini nazionali**

**arrivando dall'altra parte del mondo. Quale esempio migliore per spiegare cosa significa, tradizione, passione e veracità? Raccontaci di più Alessandro.**

Tutto ebbe inizio nel 1870. Una famiglia numerosa di Torre Annunziata, cittadina dalla lunga tradizione di farine e impasti, si trasferisce in una Napoli colorata e rumorosa, specie nel cuore pulsante del quartiere Mercato. Qui, in via Spicoli, nel 1886, nasce Michele, mio nonno, figlio di Salvatore Condurro, impiegato come capo operaio presso l'Arsenale navale di Napoli, mentre la mamma Francesca, nonostante i problemi di salute, si occupava della casa e dei tre figli. La tradizione della pizza era già parte integrante della famiglia e, pur non facendo il pizzaiuolo di mestiere, Salvatore nutriva già grande passione per quest'arte non mancando di dilettare amici e vicini durante i pranzi domenicali.

Don Salvatore era infatti rinomato anche per la sua grande abilità nel canto e non perdeva occasione di arrotondare lo stipendio facendo il vociaro, cioè facendo pubblicità a tutte le bancarelle e a tutti i venditori ambulanti che all'epoca affollavano le vie, oppure attrezzandosi di una propria per la vendita di pizze fritte che dispensava a tutto il quartiere.

Malgrado eventi avversi e problemi economici, Michele cresceva vivace e pieno di vita, scorrazzando per le vie affollate tra Mercato e via Forcella. Si appassionò subito all'arte del padre, tanto da muoversi verso i 14 anni di età, tra Torre Annunziata e Cosenza, esperienze che lo aiutarono ad accrescere il sapere e le esperienze negli impasti e trasferendogli delle basi fondamentali per il suo futuro da pizzaiuolo.

## Ma come a Torre Annunziata?

Sì, Torre Annunziata è un luogo molto importante per la storia della pizza. La sua antica tradizione nella lavorazione e nello smercio di grano favorì la nascita delle attività legate alla produzione della pasta e, in modo particolare, della pizza. Michele impiegò pochissimo tempo a superare i suoi maestri.

## Era pronto per una pizzeria tutta sua?

Raggiunta la maggiore età, nel 1904, Michele apre la sua prima pizzeria in via Santa Maria Egiziaca a Forcella, grazie all'aiuto di amici e familiari. Giovane e scaltro, per aggirare la forte concorrenza, con i primi guadagni della pizzeria compra quaranta *stufarole*, i famosi recipienti di rame che permettevano di portare le pizze calde in giro per le vie del quartiere per poi essere vendute da ambulanti. I guadagni cominciarono subito a lievitare insieme alla sua fama.

## Poi la crisi, che si può dire sia stata la vera artefice del successo interplanetario.

Nei primi anni del Novecento, continuava la politica di Risanamento della città di Napoli, avviata dal sindaco Nicola Amore nel 1885. A seguito di importanti cambiamenti urbanistici, il Cardinale Alessio Ascalesi, nel 1920, fece sgomberare via Santa Maria Egiziaca per la costruzione dell'omonimo ospedale. Ne seguì un periodo difficile per tutta la famiglia, con 13 figli a cui dover badare. Tutto si risolse nel 1930, con l'affitto di una piccola bottega in via Cesare Sersale, l'attuale sede della pizzeria. Lì fece capolino anche una figura fondamentale per il divenire della mia famiglia, Salvatore, figlio maggiore di Michele, già fornaio a piazza San Gaetano.

Salvatore riusciva a unire l'arte della pizza tramandatagli dal padre Michele, a un instancabile spirito di sacrificio e del dovere, fatto che lo rendeva molto diverso dal padre che spesso aveva fatto soffrire l'attività e la famiglia con la sua sregolatezza, probabilmente parte sconveniente del genio che lo contraddistingueva. Grazie alla sua maestria e a quella dei suoi fratelli minori, Antonio e Luigi Condurro, la pizzeria ritornava in salute e degna delle pizze in essa sfornate, consegnandola così a decenni di lavoro instancabile, di generazioni che si susseguono, di successi e riconoscimenti.

**Quando hai capito che Michele sarebbe potuto diventare un business di respiro mondiale?**

Una svolta, ancor più importante se possibile, avvenne nel 2011. Un cliente giapponese, dopo aver mangiato la storica pizza, chiese delle informazioni in merito. Si rivelò essere **Hirohisa Sato**, Presidente fondatore della **Balnibarbi co. Ltd.**, un colosso giapponese della ristorazione con più di 200 ristoranti proprietari. Quindi, l'anno successivo, la pizzeria di via Cesare Sersale cedette i suoi diritti d'immagine alla Michele in the World s.r.l. e, nel 2014, è stato stipulato il primo contratto con il gruppo giapponese. Il primo franchising della pizzeria è stato aperto da loro a Tokio, nel quartiere Ebisu, con l'impegno ad aprirne altri cinque tra Giappone e resto del continente asiatico. La partnership con Balnibarbi si è rivelata molto proficua. Da questa esperienza, è nata la spinta decisiva che ha lanciato il marchio de l'Antica Pizzeria da

Michele nel mondo. Attualmente il marchio è presente a Tokyo, Fukuoka, Roma, Londra, Milano e Barcellona.

**Come nasce l'idea, a un certo punto nel 2012, di diffondere il marchio nel mondo dicendo "Ok, Michele non è più un unico punto vendita di Napoli, ma può dotarsi di una filosofia da import-export"?**

In effetti nasce anche prima, sui banchi dell'università. Negli anni '90, studiavo economia alla Federico II di Napoli e seguivo il corso di tecnica industriale e commerciale del professor Sciarelli, che per primo mi parlò di marchio, di segni distintivi dell'azienda, di contratti di franchising, di come diffondere un'azienda attraverso i suoi segni distintivi. Io, dal banco, applicavo quelle cose e pensavo già a Michele, all'azienda di famiglia, pensavo a come fare per portare tutto quel sapere all'interno della pizzeria. Ovviamente, la prima cosa per avere una brand identity e per essere un'azienda esportabile è quella di possedere un marchio. Ci sono una serie di aneddoti. Nella seconda metà degli anni '90, c'era un giocatore di pallacanestro che giocava nei *Chicago Bulls*, *Michael Jordan*, il quale fece di se stesso un brand, cioè praticamente creò un marchio utilizzando la sua sagoma mentre schiacciava a canestro e si rese facilmente riconoscibile sostanzialmente in tutto il mondo. Lì dove appariva la sua sagoma si vendevano le Air Jordan.

A me serviva la stessa cosa per la pizzeria, mi serviva un marchio che andasse a identificare la pizza e quella di Michele nello specifico.

Presi la foto del nonno Michele in pizzeria, la portai da

un amico grafico e feci fare delle prove di marchio fino ad arrivare a quello attuale. Nel frattempo, mi ero già laureato e abilitato come dottore commercialista, creai una società gemella chiamandola "Antica Pizzeria da Michele in the World", con, in oggetto, dunque, proprio l'esportazione del brand.

Fino a quel momento, era rimasto tutto nel cassetto per diversi anni, fino a quando poi ci capitò l'occasione, venne questo giapponese nel 2011 a mangiare la pizza, con il suo interprete, si innamorò dei locali, si innamorò della fila fuori, si innamorò della pizza, andò alla cassa della pizzeria alla quale era seduto mio cugino Alfonso dicendo: "io voglio fare questa pizzeria a Tokyo, è possibile replicare questa pizzeria?". Mio cugino non si perse d'animo e, secondo i canoni del famoso "pacco napoletano", disse a questa persona "assolutamente sì, noi abbiamo il dipartimento internazionale che si occupa di questo".

Ovviamente all'epoca non esisteva niente. Il dipartimento internazionale ero io nel mio studio. Mi telefonò in ufficio dicendo "qua c'è un giapponese". Da quella telefonata nacque la collaborazione con questo signore giapponese, Mr. Sato, il nostro partner attuale.

**L'emozione di quella telefonata del Giappone, mettersi in moto per organizzare tutto all'improvviso, poi vedere la prima apertura e le sfide che ne sono nate. Che significato ha avuto per te il traguardo della prima apertura fuori Napoli?**

È stata una bella sfida, nata per gioco. Col Giappone c'è stato feeling dal primo momento, già quando vennero questi ragazzi giapponesi, pizzaioli, per lo stage nella nostra pizzeria durato diversi mesi. Io mi aspettavo dei pizzaioli, quindi ragazzi normali con la t-shirt per lavorare, invece mi si è parata di fronte una schiera di scienziati con iPad, bilancini elettronici per misurare i grammi di farina che il nostro pizzaiolo aveva nel pugno, tutte queste piccole cose.

Ragazzi assolutamente rispettosi e convinti del progetto in cui erano convolti, al punto da chiedermi, poco prima dell'apertura, *"Ale, noi vorremmo ricreare l'atmosfera napoletana all'interno della pizzeria di Tokyo, potremmo utilizzare una filodiffusione con musica napoletana, musica classica napoletana?"*. Io contentissimo di questa cosa dissi "sì, tranquillo procuratevi CD di musica napoletana e diffondeteli all'interno della pizzeria". Il giorno dell'inaugurazione, ritrovai canzoni neomelodiche sparate all'interno della pizzeria di Tokyo, non so chi gli avesse dato questo CD.

Ora, nulla contro la canzone neomelodica, però ovviamente non era ciò che intendevo, così ne preparai uno con i veri classici della musica napoletana. L'impatto emozionale è stato molto bello, vedere il giorno dell'apertura di Tokyo, constatare quasi la stessa fila di persone che sono fuori alla nostra pizzeria di Napoli lì nel paese del Sol Levante, vedere la gente in attesa per mangiare la nostra pizza, la gente venuta in pizzeria a Napoli, contentissima di averne una così anche a Tokyo. Quello che a me piace molto è mettermi in un angolo per vedere le reazioni della gente. Mi metto in un angolo e guardo le facce delle persone che si siedono e mangiano la pizza. Michele è un po' come **Disneyland**, un po' la pizzeria dell'infanzia, la pizzeria di tutti napoletani. Tutti i napoletani sono stati da Michele almeno una volta nella vita e a tutti suscita lo stesso ricordo, cioè

la pizza dell'infanzia. Leggere la commozione, la soddisfazione negli occhi di queste persone per noi è veramente il massimo traguardo al quale potessimo ambire.

**Oggi i risultati parlano chiaro, come nasce secondo te il mito della pizzeria da Michele?**

La pizzeria ha attraversato tutti i cambiamenti storici del nostro paese - le guerre, la fame, la carestia del dopoguerra – e questi hanno portato a determinate scelte di marketing come, ad esempio, la scelta di proporre solo margherita e marinara, figlia della seconda guerra mondiale.

Forcella era un quartiere popolare e povero, tanto che la gente cominciò a comprare soltanto margherita e marinara, le uniche che si potevano permettere. Difatti Michele faceva tutte le pizze, anche la pizza fritta. Ma la situazione convinse il bisnonno a cambiare direzione e dire: "Ok, togliamo tutte le altre e facciamo solo margherita e marinara altrimenti si rischia di buttare gli ingredienti".

Quella che fu una scelta dettata dalla necessità si rivelò successivamente una vincente strategia di marketing e brand identity, dette la possibilità a Michele di affrancarsi da tutte le altre pizzerie ed essere riconoscibile. Michele è diventato famoso come il tempio della pizza per il fatto di offrire solo margherita e marinara. A quel tempo, non c'era la comunicazione multimediale, si lavorava con il passaparola, ecco perché Michele ci ha messo 100 anni per diventare quello che è, ma la popolarità si è rafforzata anche per questo. Non c'è stato bisogno della comunicazione, non c'era la tv, non c'era internet.

È semplicemente con il passaparola che la fama di Michele ha raggiunto un po' tutto il mondo, al punto che oggi, da un po' tutto il mondo, vengono a Forcella, in Via Cesare Sersale, proprio per mangiare la nostra pizza.

**Mi hai bruciato la domanda. Oggi tutte le teorie di Marketing si basano sull'alta focalizzazione. Michele compare anche in molte case history americane per il fatto che le due pizze da sole siano esse stesse un elemento distintivo. Perché nelle aperture che voi state facendo avete deciso di ampliare il menù invece di restare focalizzati?**

Noi siamo una pizzeria storica nata nel 1870 e facilmente riconoscibile per la gente. Avere circa 150 anni di storia significa anche essere un monumento, ne siamo perfettamente consapevoli. L'idea della sola pizza margherita o marinara è unica e viene portata avanti ogni giorno a via Cesare Sersale 13 a Forcella.

Fare la stessa cosa da un'altra parte significa voler replicare un monumento, quasi come voler fare una copia della Gioconda. Sarebbe sempre un bel quadro ma per sempre una copia.

Dare la possibilità di fare altre pizze, è anche dovuto al fatto che il pubblico si aspetta di mangiare solo margherita e marinara quando viene qui, perché è quella l'esperienza che vivi da Michele, al di là di mangiare la pizza. Ma magari, nelle altre città come Roma, Milano o la stessa Londra, c'è un pubblico diverso, un pubblico che non si siede, mangia la pizza e se ne va, ma cerca di trascorrere la serata, occupa il tavolo, si ferma un'ora, due ore e così via. Di conseguenza, va ampliata l'offerta, dando la possibilità di bere del vino o una birra artigianale e anche di avere qualche tipo di pizza in più. Il nostro menù comunque è molto spartano, al massimo 6 tipi di pizza, tutte quante ovviamente nel solco della tradizione napoletana.

**Come hai detto tu, fino a qualche anno fa, il modo di comunicare era tutto basato sul passaparola, poi è successo che il moltiplicarsi dei media ha reso pericoloso il giochino della viralità dell'informazione. Ecco, come costruisce la sua reputazione e soprattutto come la tutela da Michele? Mi viene da pensare, ad esempio, all'inchiesta di report sulla pizza, che fu un duro colpo proprio per il brand della pizza napoletana. Da questo punto di vista, come la reputazione di Michele è stata costruita, viene costruita, viene tutelata e monitorata in questo periodo?**

Il segreto di Michele è proprio come Michele tutela il proprio brand. Il mantra della pizzeria è sempre rivolto alla semplicità, sempre uguali a sé stessi, non modificarsi mai e non cedere alle tentazioni delle mode.

Questa, a lungo andare, si rivela secondo noi una strategia vincente, è un po' la nostra strategia così come quella di un po' di tutte le pizzerie centenarie di Napoli.

Adesso, è il momento delle pizze gourmet, il momento della territorialità, delle pizze particolari con prodotti particolari. Sicuramente chi apre oggi una pizzeria non può esimersi dallo sposare un prodotto del genere, altrimenti andrebbe fuori mercato. Ma chi, come noi, ha una brand identity molto forte, ha un'identità e una storia da vantare, può tranquillamente continuare a restare uguale a sé stesso. Mi viene in mente la frase di un amico giornalista, Luciano Pignataro, che dice: "il miglior modo per rinnovare è restare fermi".

Questo è il nostro caso, perché altrimenti da Michele non potrebbe rimanere un monumento. Le piramidi di Cheope non possono diventare verdi, la statua del Cristo velato non può modificarsi e la stessa cosa vale per l'Antica pizzeria da Michele e un po' per tutte le pizzerie centenarie napoletane.

### Come state attenti a mantenere la qualità in tutti i punti vendita di Michele?

È complicato però è la base per un franchising importante, per un franchising che funzioni. Noi siamo un franchising di prodotto: i locali sono tutti diversi l'uno dall'altro, sono nello stile Michele nel senso che sono spartani, con il tavolo di marmo e le sedie di legno, ma ogni locale mantiene un suo tocco particolare che lo contraddistingue, legato anche al posto in cui si trova. La cosa importante è che la pizza rimanga quella, ecco perché ci definisco un franchising di prodotto, una gestione diretta con il partner.

Insieme a mia cugina Daniela, la mia co-amministratrice del progetto Michele in the World, abbiamo dovuto allestire un vero e proprio ufficio, ci siamo strutturati con degli elementi amministrativi e soprattutto con degli ispettori.

Abbiamo il nostro executive chef che fa i menù in tutte le pizzerie, abbiamo due pizzaioli che vanno a fare training continui alle pizzerie che aprono e abbiamo gli ispettori, che girano quotidianamente in tutte le pizzerie del mondo per controllare il mantenimento e il rispetto degli standard di qualità. Noi diamo un manuale operativo, stabiliamo delle regole che devono essere seguite nella produzione dell'impasto, nella stesura, farcitura e cottura della pizza e queste regole devono sempre essere rispettate.

**Giappone, Stati Uniti, Dubai. In Italia invece Roma, Milano, Firenze, Bologna e ora Verona. Che aspettative avete dall'ultima apertura di Verona?**

Per quanto riguarda la città di Verona abbiamo grosse aspettative. È una città molto bella e il progetto Michele in the World si sposa con le città turistiche italiane ma non tutte. Scegliamo le città per la loro importanza e rilevanza. Verona è proprio una di quelle, dopo Firenze e Bologna, che più che turistica è città universitaria, mentre Milano e Roma rimangono ovviamente le città più importanti.

A Verona, oltre che esserci un grosso flusso di turisti, c'è anche una grossa comunità di meridionali e, in particolar modo, di napoletani. La pizza napoletana, grazie alla Michele in the World, ma grazie anche a tutti gli altri brand ovviamente di pizza napoletana, sta avendo una larga diffusione e un grossissimo successo.

Proprio a Verona ci sono due tre esempi di pizza napoletana che sono comunque importanti e che ci hanno spinto a investire sul progetto. Speriamo bene e incrociamo le dita.

**Come immaginate possa evolversi il marchio da Michele? Quali sono i prossimi passi?**

Prossimamente andremo a Torino, all'estero siamo presenti su Barcellona, cui faranno seguito sicuramente le aperture di Valencia e Madrid. Con gli stessi partner siamo presenti a Londra. In Giappone, a ottobre 2019, ci sarà la terza apertura nella città di Yokohama e una quarta apertura a maggio del 2020. Tutti sappiamo che i giapponesi sono un po' più organizzati di noi e infatti abbiamo già firmato i contratti per la terza apertura di Yokohama e la quarta sull'isola di Okinawa.

Contemporaneamente, Dubai aprirà a breve e sarà la prima sede di un progetto che prevede sei aperture all'interno dei paesi del Golfo. Contemporaneamente poi abbiamo il progetto negli Stati Uniti che è nato adesso per Los Angeles, con dei partner che praticamente si sono ripromessi di diffondere il brand nell'intero continente americano. Vediamo cosa succederà nei prossimi anni.

**Immagini che si possa fare concorrenza alle grandi catene della pizza mondiale come Pizza Hut, Domino's, Little Caesars e, se sì, come?**

A Napoli si dice "ce la cantiamo, ce la suoniamo noi" con i nostri competitor napoletani quello che concerne l'espansione della pizza napoletana nel mondo.

Tempo fa, l'amministratore delegato di Pizza Hut ha stilato una classifica dei suoi 10 principali competitors, in quei 10 non rientra nessuna delle pizzerie napoletane, neanche quelli di Rossopomodoro che sono la catena di pizza napoletana più diffusa al mondo, contando 160-170 locali, figuriamoci come possiamo esserci noi. Attualmente contiamo otto locali nel mondo, un Pizza Hut o un Domino's qualsiasi otto locali ce l'hanno in una frazione di Manhattan, quindi siamo lontani, molto molto lontani dall'arrivare a quei livelli lì. La speranza di espanderci c'è, la volontà anche, io credo in tutta sincerità che ci vorranno parecchie generazioni per poter arrivare a un risultato simile. Noi cominciamo, poi chi verrà dopo, se vorrà, continuerà quest'opera.

**Alla fine c'è un movimento di pizza napoletana che sta nascendo, anche con Sorbillo, Di Matteo. Non sarebbe meglio uniti? Cercare di fare qualcosa insieme a livello worldwide, oppure non ci sono i presupposti perché le rispettive filosofie sono diverse?**

Non ci sono i presupposti perché i pizzaioli napoletani sono abbastanza egoisti, individualisti, ognuno ci tiene al proprio nome, ognuno tiene al proprio brand. C'è una grossa amicizia, una grossa stima reciproca con i nostri competitor locali come Gino Sorbillo, Di Matteo e i fratelli Salvo, Ciro Salvo con 50 Kalò, con tutti quanti. Ci vogliamo bene, ci stimiamo ma è estremamente difficile, per non dire impossibile, che noi possiamo fare un progetto insieme.

**Secondo te, qual è l'elemento differenziante di Michele rispetto ai competitor diretti, tipo Sorbillo, quelli a cui tu vuoi bene. Se devi dire la differenza con loro, quale è?**

L'elemento differenziante, quello che ci contraddistingue rispetto ai nostri competitor, è la storia, il fatto di essere assolutamente riconoscibili. Dico sempre che la pizza di Michele è come una Harley Davidson, più che una motocicletta è una filosofia di vita, un modo di vivere, uno stile. Esistono tante motociclette che sono più eleganti, più veloci, più performanti di una Harley Davidson, migliori quindi. Però, se si pensa a una motocicletta, si pensa subito a una Harley e questo è quello che avviene con la nostra filosofia. Michele è Michele, Michele è un'esperienza, Michele è un modo di vivere, è una storia, è un concetto ben definito. Se dovessi pensare a una pizza, penserei alla margherita di Michele, non alla pizza gourmet con l'aceto balsamico di Modena piuttosto che il provolone DOP. Mi ripeto, esistono altre pizzerie, esistono pizze sicuramente migliori, non metto in dubbio, esistono pizze più ricercate, esistono pizze qualitativamente migliori, ma quando noi pensiamo alla pizza pensiamo a Michele.

**Dal tuo punto di vista, il primissimo ricordo che hai della tua relazione personale con la pizzeria. Hai compiuto studi economici, non ti occupavi di quello ma poi ti sei detto "no, proprio di quello mi devo occupare". Come è andata?**

In effetti la pizzeria per me era la pizzeria di mio nonno. L'Antica Pizzeria da Michele era, per me bambino, come la fabbrica di cioccolato di **Willy Wonka**.

C'erano questi bambini che entravano in questo mondo fantastico popolato da gnomi, e per me gli gnomi erano i pizzaioli, e nel momento in cui ero lì mi pareva il paese delle meraviglie, giocavo, vedevo queste persone grandi, ai miei occhi grandissimi, vestiti con le magliette bianche sporche di farina, che comunque mi prendevano in braccio, mi portavano da una parte all'altra, mi coccolavano. Parliamo di un'epoca nella quale il mestiere di pizzaiolo veniva ancora considerato mestiere di serie B, i pizzaioli erano considerati come l'ultimo gradino della scala sociale.

CU L'AGLIO, L'UOGLIO È ARECATE
OPPURE A PUMMAROLA
PARE NA COSA FACILE
FÁ A PIZZA E'NA PAROLA

N'CE VO NA PASTA MORBIDA
S'ADDA SAPE' N'FURNÁ
O GUSTO E' CHI A PRIPARA
PE NUN VE N' TUSSUCÁ

A PIZZA E' NATA A NAPULE
MA POCHE IN DO' MESTIERE
VE PONNE DA' O' PIACERE
E FARVELA MANGIÁ

SURTANTO DON MICHELE
CHE' FINO PASTICCIERE
VE FA' NA PIZZA SPLENDIDA
CA VE FA CUNZULÁ

*Versi di A. Salente*

Quando un ragazzo non voleva fare nulla nella vita, non voleva studiare, si diceva "vabbè fategli fare il pizzaiolo!". Essere figlio di pizzaioli era una cosa denigrante, per questo mio padre all'epoca ha voluto in un certo senso affrancarsi dalla pizzeria, ha studiato, si è laureato in economia, ha aperto il suo studio da commercialista e in un certo senso ha indirizzato anche la mia vita. Lui era ancora legato a quella mentalità, anche se in me sopravvive comunque la passione, la gioia di stare lì dentro, la passione e l'affetto per l'azienda di famiglia. Sembrerò ripetitivo ma, quando studiavo economia all'università, tutti i casi aziendali che andavamo ad analizzare durante le lezioni, li applicavo nella mia mente alla pizzeria e non vedevo l'ora di potermi dedicare poi a quella che è l'azienda di famiglia, magari non facendo le pizze ma in maniera attiva e diversa. Io, come tutti i Condurro, a 18 anni ho lavorato in pizzeria, ho lavorato sul bancone, ho imparato a fare le pizze e, all'epoca, c'erano i vecchi maestri, tra cui mio zio Luigi. Racconto un aneddoto particolare: mio zio Luigi ha lavorato fino a un paio d'anni fa, all'età di 95 anni.

Fino a sei mesi prima di morire, lavorava in pizzeria ed è stato colui il quale ha veramente insegnato un po' a tutti noi. Era un maestro severo, di quelli all'antica, dovevi rubargli il mestiere, non ti diceva niente, non ti dava suggerimenti né nulla. Dopo diversi mesi a lavorare sul banco di Michele, mio zio mi avvicinò e disse "tu cosa vuoi fare da grande?", e io dissi "zio, sono iscritto all'Università, studio economia, vorrei fare il commercialista" e lui seraficamente mi disse "guarda, fai una cosa, studia perché le pizze non è cosa tua" e quindi io da quel momento scesi dal banco di Michele e non ci sono mai più salito, un po' per orgoglio, un po' perché ci rimasi male.

Ho cercato comunque di dare il mio contributo all'azienda di famiglia diversamente, dal punto di vista economico, manageriale e imprenditoriale, al punto che poco prima di morire zio Luigi diceva ancora: *"guarda hai creato un brand, lo stai vendendo in tutto il mondo ci stai facendo diventare famosi nel mondo, però tu le pizze non le sai fare"*. Questa frase mi è rimasta sempre impressa.

**La pizzeria di via Cesare Sersale ha ospitato anche parecchie persone famose e importanti, ci vuoi raccontare qualcosa?**

Aneddoti sui personaggi famosi ce ne sono un bel po'. Da Michele a Napoli sono venuti un po' tutti, e continuano a venire un po' tutti. Tra i clienti più importanti posso citare **Maradona**, all'epoca in cui giocava nel Napoli, e **Julia Roberts**, quando venne a girare le riprese del film **Eat, Pray, Love**, che poi ha dato, in un certo senso, la fama mondiale alla pizzeria da Michele.

Quando venne Maradona, io ero piccolo, e fummo costretti a chiudere ovviamente. Chi si intende di calcio, sa benissimo che Maradona non era mai libero di muoversi per Napoli, quindi ovunque andasse Maradona bisognava chiudere, bisognava creare un ambiente nel quale lui potesse stare tranquillo, era seguito da milioni di persone. Una settimana prima venne il suo manager a chiedere a mio nonno di chiudere i locali della pizzeria, perché sarebbe venuto Maradona.

Questa cosa per mio nonno, vecchio commerciante, vecchio stile, fu fonte di non poca inquietudine, lui non voleva chiudere, lui diceva "a me che me ne frega di Maradona che

viene qua e io perdo l'incasso di una sera".

Fu opera di tutti, figli, nipoti, fratelli, cugini, convincerlo dicendogli: "guarda che comunque sta venendo il calciatore più importante del mondo, noi crediamo sia il caso che tu faccia una cosa del genere". Ricordo quella sera, io ero piccolo, riuscimmo a entrare in pizzeria e chiusero le saracinesche. Entrò Maradona a mangiare la pizza. Per noi fu una grossa emozione, fu bellissimo, Maradona vide la prima pizza e si spaventò perché noi facciamo la pizza abbastanza grande, a ruota di carro, e disse: "io non ce la faccio a mangiarmela tutta quanta", ne mangiò cinque. Perché poi Maradona era uno al quale piaceva molto mangiare, quindi mangiò queste cinque pizze margherita e le mangiò anche abbastanza velocemente e ricordo che, tempo mezz'ora, si sparse la voce che nei locali di Michele c'era Maradona e che stava mangiando la pizza, al punto che fu costretto alla fuga dalla pizzeria.

C'era la macchina che lo aspettava fuori e quando alzammo le saracinesche lo attendeva una folla oceanica con le bandiere, le trombe, tutto l'occorrente, insomma era lo stadio San Paolo. Maradona fu costretto a saltare in macchina e scappare via, ma ciò che ricordo con maggiore ilarità è mio nonno che si lamentava per il conto non pagato, "è scappato senza pagare il conto" e poi gli dovemmo spiegare "nonno guarda, non era il caso fargli pagare il conto, era Maradona".

Un altro aneddoto da raccontare risale a quando venne da noi Julia Roberts per girare alcune scene del film **Mangia, Prega, Ama** all'interno della pizzeria. Mi ricordo quel giorno, Forcella fu transennata, ovviamente fu chiusa al traffico. Dieci minuti prima dell'inizio delle riprese, ci avvicinò la produzione dicendo: "ragazzi, piccole raccomandazioni, tra poco verrà Julia Roberts a girare le riprese del film, non le rivolgete la parola, non la guardate in faccia, non le scattate fotografie, non vi avvicinate a meno di cinque metri da lei" e noi pensammo "che siamo venuti a fare?".

Avrei voluto farmi una foto con Julia Roberts, avrei volentieri tolto la laurea dietro la mia scrivania e avrei messo la foto con Julia Roberts però non mi fu concesso; all'epoca ci restammo un po' male, lei sempre circondata da guardie del corpo, era impossibile avvicinarla, ma anche rivolgerle la parola, ogni stop che davano alle riprese lei scappava nel camerino, poi tornava quando le davano l'ok via radio. Solo alla fine, prima di andarsene, ha scattato una foto con tutti quanti ma non con me, questa cosa mi rese particolarmente scontento.

**Ultima domanda che ti volevo fare, qual è il target ideale della pizzeria da Michele?**

Il target finale della pizzeria Michele è pop, praticamente è trasversale, assolutamente trasversale. Da noi vengono primi ministri, vengono presidenti della Repubblica, vengono rom, quindi praticamente la nostra pizzeria è assolutamente la pizzeria più pop che esista, se si eccettuano ovviamente le grosse catene di distribuzione che citavo prima.

Non facciamo differenza, facciamo sedere le persone allo stesso tavolo. Quando abbiamo problemi di spazi, di posti a sedere, da Michele è un classico vedere persone che non si conoscono sedere allo stesso tavolo per mangiare la pizza. Nascono le migliori amicizie, così. Fai sedere il re e il po-

veraccio vicini, e questo fa parte anche dell'atmosfera che si respira, dell'esperienza, quindi un target assolutamente trasversale.

**Questo è una cosa che poi dovremmo sottolineare, un'esperienza molto democratica, non vi è una prima classe, una seconda classe, un aspetto che poi è anche proprio della cultura napoletana.**

Assolutamente sì. Poi tutto è orientato all'ottimizzazione dei tempi e degli spazi, hai un posto libero in un tavolo da tre? Fai sedere una persona sola. Spesso nascono amicizie, spesso la persona si alza e paga da mangiare per tutti, paga il conto per tutti perché si diventa amici etc.etc. quindi è una bella cosa.

**Se uno si volesse rifare la pizza di Michele a casa, quali sarebbero i segni distintivi che contraddistinguono la ricetta originale della pizza di Michele?**

Si parla tanto di segreto dell'impasto di Michele, ma nulla è segreto, è semplicemente una tecnica di lavorazione, un modo in cui vengono mischiati gli ingredienti, una temperatura stabile che possa consentire la crescita dell'impasto.

Usiamo una normalissima farina Caputo blu, non troppo forte quindi con W di 170, un'idratazione del 60/65%, il che significa che su un chilo e mezzo di farina ci mettiamo 1 litro d'acqua, 1 grammo di lievito.

Ovviamente parlo di una ricetta per fare una pizza a casa, non quella con l'impastatrice grande. Per una pizza homemade ci vuole 1 litro d'acqua con un chilo e mezzo di farina, un grammo di lievito, 30g di sale, la si lavora per 20/25 minuti a mano e la si lascia riposare per 12/15 ore, dopodiché si può fare praticamente la pizza.

Sicuramente non verrà perfetta, una pizza fatta in casa non sarà mai uguale a una pizza fatta in pizzeria per tutta una serie di motivi, che vanno dal forno elettrico che abbiamo a casa, che non raggiunge la temperatura del forno a legna a, ovviamente, l'ambiente in cui cresce l'impasto. Però, se si lavora bene, anche a casa viene un'ottima e digeribile pizza.

# LA PIZZA
# É
# PIZZA

# Il segreto di Michele

Qual è quindi il segreto di tale successo e longevità?

Stando alla lunga chiacchierata con Alessandro pare non ce ne siano. Ma con gli occhi dell'avventore, entrare nella pizzeria di via Cesare Sersale rende tutto più chiaro: il purismo, la semplicità e la volontà di non cambiare malgrado tendenze, mode e decenni che scorrono inesorabili nella totale incapacità di scalfire il mantra di Michele. Tre criteri fondamentali appaiono come comandamenti inappellabili:

1. Servire solo marinara e margherita "a ruota di carro", con l'unica variazione per quest'ultima scelta della doppia mozzarella

2. Mantenere un prezzo popolare della pizza e delle bevande

3. Non mutare in alcun modo lo stile spartano, verace e molto conviviale dell'intera struttura, con tavoli con ripiano in marmo, piastrelle alle pareti e forno a fare da trono al vero protagonista del miracolo della pizza napoletana, il pizzaiuolo.

Scegliere di avere solo due pizze nel menù si rivelò una scelta azzeccatissima da parte del capostipite Michele. Una scelta che nacque dalla necessità di velocizzare il servizio mantenendo elevata la qualità del prodotto, considerando le lunghe file che ancora oggi si creano in via Cesare Sersale, ma anche e soprattutto dalla trasversalità d'offerta che assicuravano queste due varianti tradizionali, semplici e "democratiche", adatte e apprezzate sia dai "signori" che dai "lazzaroni". Una pizza, infatti, per essere buona, non necessita di ingredienti particolari o ricercati; una pizza, per essere buona, deve costituire un tutt'uno con i suoi semplici ingredienti: pasta morbida e soffice come burro che si perde nel gusto del pomodoro genuino e del fior di latte prezioso e succulento dei monti Agerola.

La pizza assorbe la mano di chi la modella, questo la rende unica. Tutto questo è stato celebrato nel celeberrimo libro di Liz Gilbert, **Mangia, prega, ama**, poi diventato un film cult grazie anche alla presenza di Julia Roberts. La scrittrice statunitense, nelle pagine del suo libro, descrive perfettamente le sensazioni provate al primo impatto con la pizzeria, l'esperienza sensoriale a cui si viene indotti gustando le sue prelibatezze, lasciamo spazio alla sue parole.

«*Prima che partissi da Roma mi ha dato l'indirizzo di una pizzeria dove, a quanto pare, fanno la migliore pizza di Napoli. Mi è parsa una prospettiva estremamente interessante, perchè la pizza più buona del mondo si mangia in Italia e la pizza piu buona d'Italia si mangia a Napoli, questa pizzeria dovrebbe offrire... se non azzardo a dirlo... la pizza più buona del mondo. Giovanni mi ha consegnato l'indirizzo con aria solenne, e io ho avuto l'impressione di essere ammessa a far parte di una società segreta. Mi ha premuto il foglietto nel palmo della mano e*

# 'A MARGARITA

'A quando sta 'o "benessere"
'a gente penza a spennere
e mò pure 'o chiù povero
'o siente 'e cumannà;

Voglio una pizza a vongole
chiena 'e funghette e cozzeche
con gamberetti e ostriche
d'o mare 'e sta città.

Al centro poi ce voglio
n'uovo fatto alla cocca
e co liguore Stok
l'avita annaffià.

Quando sentenno st'ordine
ce vene cca 'na stizza
penzanno ma sti pizze,
songo papocchie o che.

Ca se rispetta 'a regola
facenno 'a vera pizza
chella ch'è nata a Napule
quase cient'anne fa.

Chesta ricetta antica
si chiamma MARGARITA
ca quanno è fatta arte
po ghì nant'a nu re.

Perciò nun e cercate
sti pizze complicate
ca fanno male 'a sacca,
e 'o stommaco patì.

Poesia di G. ESPOSITO

G. D'OTTONE
Via Tribunali 139 - Tel. 31.40.13

L'antica Pizzeria "da Michele"
maestri pizzaioli dal 1870
unica sede

PIZZERIA
da MICHELE

ha serissimo "Ti prego di andare in questa pizzeria e di ordinare una margherita con doppia mozzarella. Se non lo farai, preferisco non saperlo, piuttosto al tuo ritorno dimmi una bugia". E così io e Sofie siamo andate alla pizzeria Da Michele e le pizze che stiamo mangiando ci stanno facendo perdere la testa. La mia pizza mi piace talmente tanto che nel mio delirio, ho la certezza di piacere anche io a lei. Anzi, tra me e la mia pizza sta nascendo uno stretto rapporto personale, quasi una storia d'amore. Sofie, praticamente in lacrime, ha una crisi metafisica e mi domanda:" Perchè almeno non tentiamo di fare la pizza a Stoccolma? Non ci si dovrebbe nemmeno sedere a tavola, a Stoccolma". La pizzeria Da Michele ha solo due piccole sale e un forno che non è mai spento... All'una le strade intorno alla pizzeria sono già affollate di clienti in attesa, che si fanno largo a spintoni come se dovessero trovare posto su una scialuppa di salvataggio. Non c'è molta scelta, solo due tipi di pizza, normale o con doppia mozzarella. Niente che somigli a quelle finte pizze new age californiane, tutte olive, pomodorini seccati al sole. La pasta, devo arrivare a quasi metà pizza per capirlo, ha un sapore simile al naan indiano di qualsiasi altra io abbia mai assaggiato. E' soffice, consistente ed elastica, ma incredibilmente sottile. Avevo sempre pensato che, quanto alla base della pizza, la vita ci offrisse solo due possibilità: croccante e sottile oppure spessa e pastosa. Chi l'avrebbe mai detto che al mondo esisteva una pizza sottile e anche pastosa? Sottile, pastosa, consistente, elastica, squisita, scivolosa, gustosissima pizza paradiso. Sopra c'è una dolce salsa di pomodoro che spumeggia frizzante e cremosa quando incontra la mozzarella fresca di bufala e, al centro di questa armonia, una spruzzata di basilico diffonde su tutta la pizza la sua solarità di erba aromatica, come una smagliante stella del cinema, al centro di una festa, trasmette vibrazioni luminose a chiunque le sia intorno. E' praticamente impossibile mangiare un insieme di questo genere. *Cerchi di dare un morso alla tua fetta, ma la pasta è morbida, si piega, il formaggio caldo scivola come uno strato di terra in uno smottamento, imbrattando te e tutto quello che hai intorno. Ma alla fine, in qualche modo, ce la fai. I responsabili di questo miracolo spingono le pizze dentro e fuori dal forno a legna come addetti alle caldaie nel ventre di una grande nave che caricano di carbone le ingorde fornaci... Io e Sofie ordiniamo altre due pizze. Sofie cerca di darsi un contegno, ma la pizza è così buona che è difficile controllarsi.»*

Tutto viene ribadito e dimostrato con il primo posto nelle classifiche sui grandi siti mondiali tra i locali italiani. Nessuno la supera.

*«La nostra impostazione e il nostro stile di fare la pizza, sempre uguale da più di un secolo, garantiscono la certezza di quello che si va a trovare. Gli altri stili di pizza in Italia non solo non superano i trent'anni di storia, ma sono anche legati ai singoli artigiani. Da Michele invece è un marchio».*

E quindi, alla faccia delle Pizze Gourmet, delle pizze industriali, dei mille gusti, delle pizze costose. La pizza è pizza, ed è un piatto del popolo. La pizza è pizza ed è margherita e marinara. La pizza è pizza, e la sua esperienza più viva si vive da Michele, che prova a conquistare il mondo. Come dice lui:

## *«È difficile, ma ci piace assaje»*

**BOOK4BUSINESS**

Via Carlo Botta, 34 • 00184 Roma

www.book4business.com

Lightning Source UK Ltd.
Milton Keynes UK
UKHW020113181219
355548UK00008B/142/P